輝け！キネマ　巨匠と名優はかくして燃えた

第一部

小津安二郎と原節子

小津安二郎監督、原節子出演作品

1949年『晩春』
1951年『麦秋』
1953年『東京物語』
1957年『東京暮色』
1960年『秋日和』
1961年『小早川家の秋』

第1回　戦前・戦後のアイドル

日本映画史の隠された謎

原節子は二〇一五年九月五日に逝去した。九五歳だった。大往生といえる。ただ彼女の死が知らされたのは、死後すぐにではなかった。毎年一一月に喪中の葉書が送られてくる。その年の一一月に、熊谷家——これは後から説明するが、この熊谷家から、「喪中につき、来年の年賀状は控えさせていただきます」という葉書が公に送られてきた。そこで一体誰が死んだんだと噂になり、新聞社が動き始めた。「まさか原節子さんではないでしょうね?」と熊谷家に確認してみたら、それを熊谷家がすんなり認めたために、一気に「原節子死す」というニュースが巷に流れたのである。

原は、引退する時も、ひっそりとフェード・アウトするように、スクリーンの中から消えて行った。亡くなる時も、誰からも知られず逝去したことは、人生においてもまことに見事な引き際だったように思える。

原は引退後、その熊谷家に住み、ほとんどそこから出ずに、死ぬまでそこでひっそりと過ごした。いわゆる〝永遠の処女〟伝説を全うしたと言える。

熊谷家は、鎌倉の東にある浄妙寺のそばにあった。

浄妙寺は歴史的な寺で、足利尊氏の父・貞氏の墓がここにある。この周辺一帯が足利家の館址で、尊氏は幼少の頃、ここに住んで遊んでいたという。西北隣には延福寺があり、尊氏が弟の直義を毒殺したのがこの場所だったといわれる。

私はまだ原が生きていた頃、周辺を歩いたことがある。大スターの家にしては、想像より小さく質素だった。

幸いにも、原の同窓生という人に会えた。元町にある横浜高等女学校（現・横浜学園高等学校）の後輩に当たるそうだ。

「原さんを見かけたことはありますか？」

と聞いたら、

「熊谷家の方は、近所付き合いもほとんどせず、原さんも姿をお見せにならず、家の中だけで生活されていたようですね。ただ近くの郵便局にだけは行かれてました。でもその時も、人目に付かないように細い裏道を通られていたようですよ」
という答えだった。

その郵便局のそばに、杉本寺があった。ここは高台になっていて、階段を上って、そこまで行ってみた。夕暮れ時で、カラスがねぐらに帰っている。ポツンポツンと民家の灯《とも》が灯り始めていた。

そこから下界を見下ろした時、箱庭のようなこの狭く限られた空間の中だけで、原節子は何を考えて生きていたのだろう？と思いを馳せた。彼女が敬愛した小津安二郎のことを思っていたのだろうか？

彼女の華やかな経歴から見れば、それは極端と言えるほどのつつましさだ。同時にそれは日本映画の隠された謎といってもいい。

原節子と小津安二郎——日本映画史を形作ったその二人の関係を、これから俯瞰し、検証していくことにしてみよう。

女優・原節子の誕生『ためらふ勿れ若人よ』

熊谷久虎という映画監督がいる。日露戦争が起こった一九〇四年に生まれている。溝口健二は六歳年上、小津安二郎は一歳年上、成瀬巳喜男は一歳年下。小津、熊谷、成瀬――一年違いで生まれた彼らは、ほとんど同じ世代だといっていい。

熊谷久虎の誕生地は、大分県中津市だ。秀吉の軍師、黒田官兵衛（如水）が築城したのが中津城、その中津藩の武士の家に、幕末に生まれたのが福沢諭吉。熊谷の生家は、その諭吉の旧居の隣だったといわれている。終戦後、熊谷が諭吉の青春時代を映画化したのが『かくて自由の鐘は鳴る』（54年）だが、彼が監督したのは、そんな因縁からである。

さて、若い頃の久虎は、父親が学者であり、壮士であったので、その熱い血を受け継ぎ、ニーチェなどの哲学書や思想書ばかりを読みふけっていたという。不眠症やノイローゼに悩み、自殺を試みたのは、二度や三度ではなかったようだ。

高校卒業後は、京都に行き、親戚のコネを生かして、一九二五年、日活の大将軍撮影所に入社する。

日活の説明をしておこう。「日活」の創立時の名称は「日本活動写真株式会社」。日本で一番古い大手の映画会社だが、設立されたのは大正元年、一九一二年のことだ。翌年、東京隅田川沿いに「日活向島撮影所」が開設される。

ところが、一九二三年九月一日に起きた関東大震災によって、撮影所を閉鎖せざるを得なくなる。東京の痛手は未だ癒されず、撮影所は京都の大将軍に移った。溝口健二もこの時、関東から関西に居を移している。

久虎は二六歳で監督デビュー。この日活大将軍時代に、一人の女優に恋をして、結婚する。相手の本名は会田光代といった。黒眼のきれいな女優だったそうだが、出演作品や詳細がよく判らないところを見ると、あまり名の売れてない大部屋の女優だったのかもしれない。

一九三四年（昭和九年）、日活が現代劇を製作するために、東京の調布に新しく「日活多摩川撮影所」を建設する。これを期に、熊谷夫婦も東京に移住してきた。二人は上京して早々、江ノ島見物に出かけた。当時、上京した御のぼりさんは、手軽な江ノ島詣でをするのが通例だった。

その時、保土ヶ谷にある光代の実家に立ち寄った。そこにいたのが、光代の妹・会田昌江である。当時はまだ横浜高等女学校に通う一三歳、もうすぐ一四歳になろうとする美少女だった。色は浅黒いが、大きな眼がなんとも印象的な乙女である。

「昌江ちゃんも、江ノ島に来る?」

と、姉は誘ってくれた。昌江は天にも昇る心地がした。

三人で江ノ島の料理屋で寿しを食べた。その時、義理の兄である熊谷久虎が、思いもかけないことを告げたのだ。

「昌江ちゃん、どうだい、女優にならないか?」

「でも、私なんかが……」

と、昌江は寿しを食べる手を止めた。

「私だって女優をやってたのよ」

と、姉も勧めてくれるのだ。

この時、昌江には、この話を受けなければならない家庭の事情があった。父・藤之助は、日本橋で大きな問屋を営んでいたが、経済的に困窮の度を加えていたのである。そのために昌江は、女学校を中途退学し、姉夫婦の住む家で居候生活を始める。

熊谷はこの時、昌江の兄である会田吉男も、「多摩川撮影所」に引き込んでいる。昌江だけでなく、吉男の人生も、熊谷久虎によって決められていくことになる。

昌江のデビュー作は翌一九三五年の『ためらふ勿れ若人よ』だった。音楽は付くが、台詞はないという〝サウンド版〟である。日本映画はこの頃、サイレントからトーキーへと移行する過渡期だった。

このデビュー作を撮影するにあたって、昌江の芸名を付けてくれたのが、撮影所長の根岸寛一である。ジャーナリスト出身で、文学趣味がある上に、親分肌の統率力ある男だった。

内田吐夢監督が、長塚節原作の『土』(39年)を撮りたいと言った時、他の何本もの作品の予算を削って、それを回して、内田監督に撮らせたという名プロデューサーだった。後に、経営方針の違いから「満洲映画協会」――即ち「満映」に移っていく。木村荘十二《そとじ》、内田吐夢、マキノ満男が「満映」に行くのは、この親分が居たからなのだ。

芸名を付けなければならない朝、根岸の脳裏に、たまたま浮かんだ姓が〝原〟だった。別に意味はない。映画の役名が「お節ちゃん」、即ち〝節子〟だった。そこで根

岸は昌江に、

〝原節子〟

という芸名を提示した。

「素敵な名前ですね。ありがとうございます」

この芸名をもらって彼女が現場に行ったら、スタッフは早くも「お節ちゃん」「お節ちゃん」と呼んでくれた。以後「お節ちゃん」は彼女の愛称となった。

かくして女優〝原節子〟が誕生したのである。

日独合作映画に主演『新しき土』

彼女のデビュー作『ためらふ勿れ若人よ』は、フィルムが存在しない。しかし三作目の『魂を投げろ』(35年)は、この程発見されて、当時の原の顔を拝むことができる。映画はいわゆるスポーツ根性ものだが、おさげ髪した原節子のセーラー服姿、水着姿、浴衣姿を見ることができる。彫りの深さは後藤久美子や鷲尾いさ子を思わせるが、何者をも寄せ付けない凛とした気風は、とても一五歳とは思えない。

我々が彼女の肉声を聴けるのは、翌三六年に天才・山中貞雄が監督した『河内山宗俊《こうちやまそうしゅん》』によってである。京都の「太秦発声映画」で製作した時代劇。もちろん〝発声映画〟と断っているくらいだから、この作品は完全なるトーキーだ。純情可憐な町娘役で、彼女の声は、我々が知る原節子のそれよりは、いくぶん高いのが若さを感じさせる。

この映画の撮影中、一人のドイツ人監督が撮影所を訪れた。山岳映画の第一人者といわれたアーノルド・ファンク博士である。彼は、レニー・リーフェンシュタールを、『聖山』（26年）で女優としてデビューさせた人物だ。ちなみにレニーとは、ナチスのPRイベントといわれた一九三六年ベルリン・オリンピックの記録映画『民族の祭典』（38年）を総監督した女傑である。

ファンクは、日独合作映画『新しき土』（37年）を製作するために、来日したばかりだった。この時、原節子を見た瞬間、ファンクは彼女の美貌を見初めた。そして今度の合作映画の主役として、彼女に白羽の矢を立てた。製作費七五万円。今の価値にすると、一〇億円は下らない。

日本とドイツはこの年、ベルリンで「日独防共協定」を締結した。当時、日本は積極的にドイツに接近していた。合作映画を製作し、ドイツ熱を一気に煽ろうとしたのである。

『新しき土』は、今でもDVDで見れるが、変な映画である。婚約者がドイツ人の女性記者と仲良くするのを見て原節子は絶望し、花嫁衣裳を身につけて、火山に登り、投身自殺を試みる。

自殺するなら、もう少し別の場所を選べばいいのにと思われるのだが、火山が多く登場するのは、ファンク博士の火山研究のためだといっていい。結局二人はよりを戻し、結婚生活の場所を当時の日本にとっての開拓地・満州に求める。それが『新しき土』なのである。

原節子の日本人形のような楚々とした美しさは見ものだが、映画自体は、当時の国策映画とはこうだったということが分かる、ご都合主義の作品だ。

しかし映画そのものの出来より、『新しき土』は、日本映画史上、初めてズーム・レンズを使った作品ということで、記憶されるべきかも知れない。ファンク博士は、この時、二年前に発明されたアストロ・ズーム・レンズを携えてやって来た。劇中、富士山や阿蘇山のシーンに、やたらとズーム・レンズが使われるが、当時の人たちは、その効果を見て、アッと驚いたに違いない。

ちなみに、この歴史的なズーム・レンズが、その後どこに行ったかといえば、「満映」で使用されていたらしい。おそらく、日活の撮影所長・根岸寛一が譲り受け、彼が「満映」に移る際に持って行ったと推察できる。しかしそのレンズも、終戦時、ソ連が満州に侵攻してきた時に、ソ連に没収されるという運命にあったようだ。


兵士たちのピンナップ・ガール　『上海陸戦隊』『指導物語』

原節子を語る上で重要なことは、『新しき土』の作品のことではなく、映画が完成してからのことだ。

彼女は、映画が完成してから、翌三七年にドイツへ舞台挨拶のために旅立った。一か月間、ドイツ語を習った後、三月一〇日に東京を離れた。『新しき土』を製作・配給した東和商事の社長・川喜多長政とかしこ夫妻、そして、後見人として、義兄の熊谷久虎を伴って、ヨーロッパに出発したのである。

満州、シベリアを経て、三月二六日の朝にベルリン到着。『新しき土』のドイツ・

タイトル『サムライの娘』の上映が、ベルリンのカピトール劇場で行われ、原節子は振袖姿で舞台挨拶し、大喝采を浴びた。

原節子が亡くなった時、私の所に某週刊誌から電話がかかってきた。

「『新しき土』のベルリン行きの際、彼女はヒットラーに会ったのか？」

とさかんに聞かれるので、私は、

「ヒットラーと会った記録はないが、ゲッベルスとは会った可能性がある」

と答えた。ゲッベルスとは、ナチスの広報を行った宣伝大臣である。

その後、一行はパリに行き、ニューヨークに渡って、ハリウッドを訪ね、『モロッコ』(30年)のジョーゼフ・フォン・スタンバーグ監督やマルレーネ・ディートリッヒという大女優にも会っている。

帰国した原節子にとって、一つの転機が待っていた。それは日活から東宝への移籍である。義兄の熊谷久虎も、共に移ってきた。それは、「原節子を東宝に移籍させるから、俺に映画を撮らせろ」といったような駆け引きだったと考えられる。

熊谷は移ったばかりの東宝において、彼にとっての最高作をものにする。森鷗外原作の『阿部一族』(38年)がそれで、熊本細川藩に起こった殉死事件を描いている。

しかし、熊谷のピークもそこまでだった。それ以後、熊谷は戦前には、『上海陸戦隊』(39年)と『指導物語』(41年)というまぎれもない国策映画を監督する。原節子も、この二本に付き合っている。そして熊谷は、国粋主義の思想団体「皇学塾《スメラ》」の教祖として、極右的思想運動に没頭していく。

この頃から、国策映画の波が押し寄せ、原節子も、今井正監督の『望楼の決死隊』(43年)、山本薩夫監督の『熱風』(同年)といった国策映画に出演する。山本嘉次郎監督の『ハワイ・マレー沖海戦』(42年)では、海軍航空隊をめざす若者の姉役を演じたが、この映画を見た多くの青少年が、海軍に志願した。この当時、原節子は、若き兵士たちのピンナップ・ガール、今でいえば憧れのアイドルだったのである。

戦後民主主義の象徴『わが青春に悔なし』『青い山脈』

そして戦後がやって来た。

原節子は、黒澤明監督の『わが青春に悔なし』(46年)に出演した後に、フリーに転じる。当然、新時代に変わって、機を見るに敏な義兄の意向が大きく作用していたことは言うまでもない。
松竹では吉村公三郎監督の『安城家の舞踏会』（47年）、木下恵介監督の『お嬢さん
乾杯！』（49年）、東宝では今井正監督の『青い山脈』（49年）などの名作に次々に主演
する。
各社の巨匠たちによって監督されたこれら秀作のなかで、原節子はまさに輝ける星
であった。戦後民主主義を象徴するのに、これほどふさわしいスターはいなかっただ
ろう。
しかし一方、ちょっと意地悪な見方をすれば、絶世の美女としては確かに美しいが、
どこか生きた血が通っていないような、顔だけが笑っているような〝冷たさ〟を感じ
られなくもなかった。
山本薩夫監督は、「私の映画人生」という本のなかで、「私は『新しき土』を見て、
顔は確かにいいが芝居はあまりうまくないという印象を抱いていた」と書いている。
実際、『新しき土』の後、原節子はマスコミから「大根役者」と叩かれている。また
山本は、「演技よりも、美貌のほうが先にきてしまうタイプの女優だ」とも書いてい
る。つまり、彼女の演技からは、いわゆる〝お人形さん〟的な無機質ささえ感じてし

まうのだ。

ところがそこに、熱い生きた血が注入される。一大変革がもたらされる。それを行ったのは、東宝ではなく、松竹の巨匠監督だった。原節子は、それまで、その出会いをじっと待っていたのかもしれない。

一九四九年春、原節子のもとに、『晩春』という作品のオファーが届いた。その作品の監督——それが小津安二郎だったのである。

第2回　小津調の確立

小津のルーツは伊勢商人

もともと小津家は商人の家系である。

原節子の父も商人。それが共通点だ。商人は信用が第一で、きちんとした人でないとなかなかできない。原節子は引退した後は、絶対人の前に顔を出さないと決めて、それを実行したきちんとした映画人だった。小津映画も、徹底的な美学で貫かれているきちんとした映画だった。きちん、きちん。そんな両者の律儀な所は、誠実な商人の気質が生きているのかもしれない。

小津安二郎は深川で生まれた。チャキチャキの江戸ッ子である。清澄通り沿いの深川一丁目に行けば、歩道橋の下に、「小津安二郎誕生の地」と書かれたプレートが立てられている。

江東区の生んだ世界的映画監督小津安二郎は、明治三十六（一九〇三）年十二月十二日、この地に生をうけました。

と記されている。父・寅之助は、この辺りで一番大きかった肥料問屋「湯浅屋」の大番頭だった。

近くには「富岡八幡宮」がある。ここは江戸勧進相撲発祥の地として有名だ。社殿の裏手には横綱力士碑が立っており、巨大な石碑と両脇の副碑には、これまでの横綱の名がずらりと刻まれている。

境内にはいくつかの末社が祀られているが、社殿の東側にある「永昌五社稲荷神社」は、深川の肥料問屋から篤い信仰を集めた社だった。そこには肥料関係者が奉納した狛犬がある。その土台に目を移すと、「湯浅屋」とはっきりと刻まれていた。父が商売したのは、それほど繁盛した店だったのだ。

小津は深川で生まれたが、「東京は教育に悪い。子供は郷里で育てたい」という父の方針で、九歳の時、父だけを東京に残して、家族全員で三重県の松阪に引っ越す。一九歳までの一〇年間、即ち物心ついた少年時代、小津は青春時代のほとんどをこの地で過ごしたことになる。

その松阪にも行ってみた。松阪市の北に、JR線の六軒駅がある。この駅から少し歩いた所に、「小津町」と名付けられた区域があった。この場所が、小津家のルーツなのだ。

少し日本史風に言うと、天正一六年（一五八八年）、蒲生氏郷が松坂一二万石を開くと、各地から商人が集まってきた。その一人、油屋源右衛門は、伊勢街道を抱くこの場所で商売を始めた。伊勢街道は、お伊勢さん詣りで、しじゅうにぎわっていたからである。

源右衛門の息子は屋号を「小津屋」と名乗って、商売はますます繁盛を極めた。そのことにあやかって、松阪には、「小津」を名乗る家が五〇軒を超えたという。彼らはお互いに「小津党」と呼び合って結束を固めた。小津一族は、それくらい大きな伊勢商人のグループだったのである。

安二郎が松阪市に住んでいた家は、「小津町」から伊勢街道を南へ下った場所にあった。現在は「小津安二郎青春館」と呼ばれる小ミュージアムになっている。外装は小津が通い詰めた近くの映画館「神楽座」をかたどってある。この近辺は、キャバレーや遊技場などが並んだ、にぎやかな興行街だったようだ。

小津家は伊勢街道に面したこの場所で商売を営んだ。商家は、税金が間口幅によって決められるので、間口をできるだけ小さくして、敷地を後ろにどんどん延ばしていく。小津家は、いわゆる、この〝鰻の寝床〟型の典型的な商屋だった。

中に入ると、小津が子供の頃に描いた絵が展示されていた。なかなか巧いものである。通路の真ん中には、今でも動く井戸の手押しポンプが、そのままの形で残っている。その姿が、小津が暮らしていた大正時代を偲ばせてくれた。

なおこの「小津安二郎青春館」は、二〇二〇年一二月二八日をもって閉館。殿町の「市立歴史民俗資料館」の二階に移転した。現在は「小津安二郎松阪記念館」としてリニューアル・オープンしている。

なぜ小津は老成したのか？

小津は、一九二三年（大正一二年）三月、二〇歳の時、松阪から深川に戻ってくる。八月、松竹蒲田撮影所に撮影助手として入社。ところが、一か月もせぬうちに関東大震災が起きる。それでも、蒲田撮影所は映画を作り続けた。

撮影所長の城戸四郎に可愛がられ、小津は、一九二七年の『懺悔の刃』という時代劇で監督デビューを果たす。このシナリオを書いたのが、戦後名コンビといわれるようになる野田高梧《こうご》だったことも、奇妙な縁である。

ところで小津に会った人に、彼の印象を聞くと、皆共通して答えることは、「老成していた」

ということである。年齢の割にはジジ臭く、年取っているように見えたのである。それは、彼が三〇歳代ですでに巨匠監督になっていたからだという意見もある。

というのは、小津は一九三二年に『大人の見る繪本　生れてはみたけれど』、三三年に『出来ごころ』、三四年に『浮草物語』というサイレント映画で、「キネマ旬報」ベスト・テン第一位（以下ベストワンと記す）を三年連続で受賞した。一九一九年創刊の映画雑誌「キネマ旬報」のベストワンを取ることは、当時から、監督たちにとっての一つのステータスだった。小津は早くも三〇歳代で巨匠監督として認められていたわけである。しかし他の理由もある。

小津は身長一七〇センチ、体重六五キロと普通だが、学生時代、柔道をしていて肩幅が広く、体格もがっしりしていたためか、徴兵検査は文句なく甲種合格だった。太平洋戦争中は軍属として、何度も戦地に駆り出されている。中国戦線に配属された時、小津が所属していた部隊は特殊部隊だった。「野戦瓦斯隊第二中隊」――いわゆる毒ガス部隊だったのである。

小津は戦線の中でも、細かい日記を書いている。しかし毒ガスを浴びせたはずの中国人たちの記載はない。それは加害者としては被害者のことを見たくなかったのか、触れたくなかったのか、おそらく、日記を第三者から見られた時のことを考えての、意図的な配慮だったのかもしれない。

なぜそんなことを述べるのかというと、戦後の小津作品に深くかかわって来るからなのだ。

『麦秋《ばくしゅう》』（51年）は、戦争で死んでいった兵士たちを供養する慰霊の映画である。原節子演じる紀子の兄は、徐州戦線に従軍して、行方不明になっている。『東京物語』（53年）で同じく原節子演じる紀子の夫は戦死している。

小津は決して〝反戦〟を大上段にアピールしたり、得々と語ろうとしたりはしなかった。しかし映画の節々に〝戦争〟の傷跡がさりげなく顔を出す。

中国戦線に居た時、小津は志賀直哉の「暗夜行路」を読んで、大変感動している。その足で古寺を訪れ、寺の僧に揮毫を頼んだ。その文字は、

〝無〟の一字だった。この文字は、小津の死後、彼の墓石に刻まれることになるのだが、まさに小津の思想や人格を象徴するにはピッタリの文字だといっていい。

それは感動したばかりの「暗夜行路」の主人公・時任謙作の虚無的な性格の〝無〟

だったかもしれない。あるいは、禅の精神に繋がる作為を施さない無意識の〝無〟だったかもしれない。あるいは、人間はたった一人で死んでいくのだという小津映画に通底する無常観の〝無〟であったかもしれない。

どちらにしても、小津が精神的に老成し、達観した一つの理由は、中国で従軍した結果だったと考えられる。

小津調の始まり『晩春』

小津は終戦をシンガポールで迎え、捕虜となった。復員する時、第一次引き揚げ船のクジに当たったが、

「僕は最後でいいよ」

と言って、一番後に帰国した。映画班の班長としての責任を全うし、最後まで残留したのだ。いかにも律儀でひかえめな小津らしい、いい話である。結局、一九四六年(昭和二一年)二月に復員した。

帰国後、小津は、『長屋紳士録』(47年)と『風の中の牝雞』(48年)という二本の映

画を監督する。前者は典型的な下町人情もので、いわば最も得意とする安全パイで、復帰第一作を乗り切ったといっていいだろう。

後者は、復員してきた夫の佐野周二が、子供の入院費を稼ぐために、一度だけ身体を売った妻の田中絹代を責める話。さすがの小津も、急激に変貌する時世に合わせて、あえて社会的な要素を入れてみたのだろうか。しかしこの映画は、小津としては異色作で、どこか無理があって、評判もあまり良くなかった。

小津は、何としてでも、これまでとは一線を画する映画を撮らなければと焦ったに違いない。それには、まず脚本を変えなければならない。そこで小津は、今までとは違う脚本執筆の相手を招聘する。その相手とは、かつて共作したこともある松竹脚本部の大御所・野田高梧だった。

野田は、戦後、フリーになっていた。年齢的には小津の一〇歳年上で、小津は野田のことを「野田さん」と呼んで、一目置いていた。ただし、「並ぶと、まるでその逆のように見えたものだ」と笠智衆は「俳優になろうか」という自伝に書いている。

二人が選んだ次回作は、広津和郎の短編小説「父と娘」だった。タイトルは『晩春』に決まった。以後の小津作品で、好んで季節を題名に取り入れる最初である。

『晩春』は製作された年が重要だ。というのは、昭和二四年（一九四九年）という年は、決して安泰な年ではなかった。いやそれどころか、朝鮮戦争を翌年に控え、〝日本の黒い霧〟といわれる、鉄道を使った「下山事件」「三鷹事件」「松川事件」が連続して起こり、世の中は蜂の巣を突いたように騒然としていた。『晩春』の撮影はその年の五月から九月。つまり、それら国鉄三大ミステリー事件が立て続けに起こった夏をはさんで行われている。同時期に撮影が行われていたのが、黒澤の『野良犬』（49年）だった。この映画は、昭和二四年の夏をドキュメンタリー・タッチで、ダイナミックに活写している。

それに対し『晩春』は、その騒然とした雰囲気が露とも感じられないほど——否、小津はあえて時代の世相に背を向けて、ひたすら静謐な、スタティックともいえる日本を描こうとしたのである。まことに、『晩春』と『野良犬』は、二人の巨匠監督が新しい日本映画の進路を宣言した対照的な傑作といっていい。

『晩春』で小津は、茶の湯、能、石庭といった日本的な事物をふんだんに登場させる。それがいわゆる〝小津調〟の始まりだった。

ロー・ポジションか？　ロー・アングルか？

『晩春』の内容に入る前に、〝小津調〟とは何か？の解説をしておこう。

もちろん人間を淡々と見つめ、どんなドラマを作るかというシナリオの問題や、どんなセットで、どんな小道具を集めるかという美術の問題もある。しかし一般的には小津が編み出した独特の撮影技法のことを指す。その最も有名な映画テクニックは〝ロー・ポジション〟だろう。

小津は、人間が畳にすわった時の目線の位置――つまり通常より低い位置から見た視線を偏愛した。そのため、腹ばいにならなければならないカメラマンは、ゴザを携帯していたし、地面に腹が当たって冷えるので、いつも腹を下していたという。

ただ、ここでぜひとも注意しておきたいことは、低い位置といっても、小津は〝あおり〟、つまり被写体を見上げて写すことは一切しなかった。それは上から見下ろす〝俯瞰〟の視点も同じで、「僕は人を見上げたり、見下したりする視線は嫌いだ」と強調している。要するに、見上げることも、見下ろすこともしない、真正面を見据える真っ直ぐな〝水平アングル〟で、すべてのカットを統一したのである。

その意味では、よく言われる〝ロー・アングル〟という言い方は、間違いである。〝ロー・アングル〟をただ単に、〝低い視点〟とだけ解する映画評論家もいるが、〝ロー・アングル〟は、より正確にいえば〝あおり〟の視線を表す言葉であって、小津に対して使われることは正しくない。

比較の意味で例に挙げるが、任侠映画の巨匠、加藤泰は〝ロー・ポジション〟であっても、〝ロー・アングル〟に執着した監督だった。私は直接、加藤監督から「僕の低い視線は小津さんの影響ですよ」という言葉を聞いたことがある。彼は「舞台をかぶりつきで見る時は、見上げるでしょう。僕は舞台を見上げるあの視点が大好きなんです」とも言っていた。

即ち〝あおり〟の視点は、何かに向かっていこうとする感情の高まりや意志の力を感じさせる。加藤時代劇には、この低い位置から見上げる視点が、最も力強さを感じさせる様式であったわけだ。加藤組がロケから帰った跡には、穴ぼこがいくつも空いていたという。低く、低く、という加藤監督の執着は、ついにはスタッフに土をシャベルで掘らせ、地の底から見上げるといった伝説まで作り上げていったのだ。

一方、小津はなぜ低い視点を好んだのだろう？　実は日本家屋を美しく撮る時のコツが、この〝ロー・ポジション〟〝水平アングル〟なのである。一度、自分でカメラを持って写してみると分かるが、日本間は立って写すと、視点が定まらなくて不安定な感じがしてしまう。すわって、上下を天井と畳によって、左右を柱やふすまや障子によって仕切られた時に初めて、どっしりとした安定感が表現できる。ちょうど風景をフレーム（枠）の中に収めて額縁にする〝借景〟の考え方なのである。

アグファ・カラーの赤の色『彼岸花』

他には〝相似形の構図〟というテクニックもある。つまり、二人の人物が並んだ場合、同じような形の正三角形や、二等辺三角形の大と小が並んだ構図を、小津は意識して作ろうとした。それは、一度気にすれば、ずっと気になってしまうほど、ちょっと異常なほどの執着度である。笠智衆が、『長屋紳士録』に、占い師の役で出演した時に、こんなエピソードが残されている。

筆を使うと、当然、頭が下がるわけですが、先生（小津）は「顔はそのまま」とおっしゃる。「そりゃちょっと不自然じゃないですか」と思い切って抗議してみたら、「笠さん。僕は、君の演技より映画の構図のほうが大事なんだよ」と、一蹴されてしまいました。

（「大船日記　小津安二郎先生の思い出」）

これはいかに小津が、構図に執着していたかを示す話である。

その他、〝正面向き会話ショット〟という技法がある。普通、二人が対話するカットを交互に写そうと思えば、一方の人間が左を向いていたら、もう片方は右を向いたように撮るのが常識である。これを会話シーンの〝向かい合いショット〟という。落語で噺家が一人二役を演じる時、首を左右に振ることを思い出してもらいたい。首を振れば、二人が対話しているように見える。落語界でこのテクニックは、上手、下手を向くので〝上下《かみしも》〟と呼ばれている。首を逆方向に振る瞬間は、映像で言えば、カットが変わる瞬間なのである。

映画の常識であるこの〝向かい合いショット〟を、小津は無視してしまう。小津映画では、対話する各人は正面を向いている。つまり、役者は常に、カメラの方を向いてしゃべるのである。

この正面を向いて対話するショットは、見る者に直接語りかけてくるような親しみを感じさせ、小津独自の不思議な空間を作り出している。小津を敬愛する周防正行は『シコふんじゃった。』(92年)で、竹中直人は『無能の人』(91年)で、この〝正面対話ショット〟を真似て、小津へのオマージュを捧げている。

小津が好んだ色彩についても一言書いておこう。

小津が初めてカラーを使ったのは、当時の松竹会長・大谷竹次郎の意向でもあった。「山本富士子を使うなら、ぜひともカラーで」と大谷は希望した。『彼岸花』(58年)は、大映の山本富士子が三五日間、松竹に貸し出され、他社出演した初めての映画となった。この大輪の花が、『彼岸花』を豪華に彩ったことは間違いない。また母親を演じる浪花千栄子(NHK朝の連ドラ「おちょやん」のモデル)と共に、京都弁の軽やかさが、小津映画を華麗に引き立たせてくれた。

『彼岸花』で採用されたフィルムは、発色のいい乾いたアメリカのイーストマン・カラーではなく、ドイツのアグファ・カラーだった。それは、小津が好きな赤の色が渋く出るからだ。小津はカラー作品で赤をどこかワンポイントで使うことを好んだ。郵便ポスト、ホーロー製のやかん、消火器、ポリバケツ、座布団、調味料のふた、帯……。画面の中で使われた赤が、快いアクセントとなっていく。

冒頭のクレジットは、お馴染みの粗い格子状のキャンパス地の上に、明朝体の文字が浮かび上がる。布地は薄茶色になっており、『彼岸花』では、白文字の何文字かに、赤と黒がポツンポツンと混じっている。しかし、これでは、まだらになって、あまりにゴチャゴチャしていたために、『浮草』（59年）の頃になると、白と赤だけを使い、すっきりした感じで品よく統一される。拙著「殉愛　原節子と小津安二郎」（新潮社刊）の表紙カバーの字体デザインも、小津映画のトレード・マークともいえるこの赤と黒をあえて入れてもらった。

このルーツは何か？といえば、私はグレゴリー・ペックが主演した『子鹿物語』（46年）あたりではないかと思っている。クレジット・タイトルの下地は薄い茶。その上に黒文字がのるのだが、名前の最初の大文字には赤が施されている。小津はこの映画を見て、「自分もやってみよう」と思ったのではあるまいか。

原節子を抜擢

さて、『晩春』の内容の話に戻ろう。

小津は『晩春』の紀子役に原節子を抜擢した。一体、誰が言い出したのだろう？小津が尊敬する志賀直哉だと言う説もあるが、小津は「原を一度使ってみたい」という思いを戦時中から抱き続けていたようだ。

以下は、『晩春』のプロデューサー山本武が語る有名なエピソードである。

この原節子の起用は、湯河原の中西旅館で打合せのとき決まったと思う。志賀直哉先生も見えられて、いろんな話をしたが、そんなとき「原さんを使ってみたら……」という話が出たように記憶している。あるいは小津さんが、以前から意中の人として考えていたのかも知れない。

とまれ、原節子と小津さんの最初の出会いは印象的だった。原さんを見たとたん、ポーッと小津さんの頬が赤く染った。

った。
「節ちゃんって美人だなあ」
小津さんはあとでそういった。たしかにそのときの原さんは類いまれな美人だった。この世にこんな美人がいるのか、と私は思った。

（「小津安二郎・人と仕事」）

『晩春』のストーリーは、非常にシンプルだ。北鎌倉に住む大学教授の曾宮周吉（笠智衆）。彼は妻を亡くし、ひとり娘の紀子（原節子）と二人暮らしだ。紀子は父が大好きで、父のためによく尽くしてくれる。しかし父は、二七歳になって婚期を逸するかもしれない娘の結婚のことを心配し、「自分は再婚する」とウソを言って、娘を嫁がせるといったストーリーだ。

驚くことは、当然あるべきはずの紀子の結婚式のシーンがないのである。相手の新郎の顔さえ出てこない。小津はたとえ劇中でも、原節子を誰かに取られるのが嫌だと思ったためなのだろうか。そこが、いかにも小津らしい潔癖さを印象づけた演出だった。

『晩春』の見どころは、その結婚式が終わってからのラスト・シーンである。父親の周吉が帰って来ると、家にはもう誰もいない。父は今日からこのガランとした家で、一人で生活しなければならないのだ。彼は椅子にすわり、そばにあったリンゴをナイフで剝き始める。

サクサク、サクサクという音だけが、周吉の心に響いてくる。皮がポトリと落ちる。その瞬間、周吉はガクッと首をうなだれる。このシーンの撮影は、笠智衆によれば、唯一、笠が小津に反抗した瞬間だったそうである。彼はこう書いている。

あのカットの撮影で、先生は僕に、

「笠さん、皮を剝き終わったら、慟哭してくれ」と言われました。〝嗚咽〟ではなく、〝慟哭〟です。「おーっ」と声を上げて泣けと言う。オーバー嫌いの先生からそんな注文を受けたのは初めてでしたから、ずいぶん驚きました。

僕はできませんでした。やってみる前から、できないことはわかっていました。あの場面で慟哭するのは、なんぼ考えてもおかしい。

「先生、それはできません」

小津先生の演出に、「できません」と答えたのは、あれが最初で最後です。先生は、無理にやらそうとはされませんでした。ご自身も迷っておられたのかもしれません。それに、長い付き合いだったので、僕がそういう演技をできんちゅうことが、誰よりもわかってたからでしょう。

（「大船日記」）


最近は人前でワンワン泣く県議会議員もいるが、笠は熊本の出身だから、「九州男児はそんなことでは泣きません」と言いたかったのかも知れない。確かにこれは、笠が言うように泣かないで正解だったと思う。しかしこのシーンを大学生に見せると、

「お父さんは、居眠りしたんですか？」

と言った若者がいた。お父さんは何も居眠りをしたわけではない。ここでは、周吉の未来に必ず来るであろう〝死〟を暗示しているのである。母も去り、娘も去り、家族はバラバラになって、父はこの後、たった一人で眠るように死んで行くのだと、結論のように述べているのだ。

ラスト・カットは、鎌倉の材木座の渚に、ザーッ、ザーッと静かに打ち寄せる波。その波は、まさに生まれては消え、生まれては消えていく「人間生活の歴史の順序」

(劇中、父が娘に諭した言葉)を象徴し、あるいは、能の終結のような深い余韻を残しながら、『晩春』はエンド・タイトルを迎えるのだ。

『晩春』は、大変評価された。一九四九年度の「キネマ旬報」ベストワンに輝いた。低調かと思われた戦後の小津が、『晩春』によって見事に復活したのである。

原節子の評判も上々だった。『青い山脈』『お嬢さん乾杯!』の評判も手伝って、この年の毎日映画コンクール女優演技賞に選ばれている。

黒澤明は前年、『酔いどれ天使』(48年)で三船敏郎と作曲家の早坂文雄と初めて仕事し、「やっとこれが俺だと言えるような作品ができた」と喜んだ。それは小津にとっても全く同じだった。小津にとっての「これが俺だと言えるような作品」が『晩春』であり、早坂文雄に当たる最高の盟友が、野田高梧だった。そして小津にとって、自分の思いの丈をスクリーンに投影してくれる俳優——即ち黒澤にとっての三船敏郎に当たる大スターが、原節子だったということができる。

その手ごたえを感じ、勢いに乗った小津は、この後、原節子を続けざまに起用する。その際、原節子には、あえて『晩春』と同じ役名の〝紀子〟を与えた。

小津はシナリオを書く時に、変な癖があった。キャラクターは違っても、役名を同じにするのである。小津が可愛がった笠智衆は、〝周吉〟が多かった。これから共作する二本の映画でも、小津は原節子に〝紀子〟という役名で、違う役を演じさせる。そのために、『晩春』『麥秋』『東京物語』は、〝紀子三部作〟と呼ばれ、小津の戦後の絶頂期を形作っていく。このことは、小津が原節子をミューズに定め、彼女を中心として自分の目指すテーマを見つめていこうとする意志を固めたからに他ならない。

〝紀子〟の季節が始まったのである。

原節子を切望『麥秋』

次回作『麥秋』の紀子役も当然、原節子を想定して書かれた。シナリオができあがった準備段階で、プロデューサーは原節子の交渉にあたった。ところが、大船撮影所の所長から、

「原はギャラが高いから別の女優さんにしてくれ」

と言われた。小津はその返事を聞いて、

「原に出てもらえなければ、この作品は中止する！」

と怒り出した。珍しく興奮した声だったそうである。小津にしてみれば、『晩春』と同じ役名の「紀子」と指定したことからも、原節子の出ない『麥秋』など、考えられなかったに違いない。プロデューサーはすぐ近所の原の家へ直接行って、小津の言葉を伝えた。すると彼女は、こう言ったという。

「あたしはギャラが半分でもいいから、小津先生の作品に出演したい」

その言葉を電話で小津に伝えたら、小津は大いに喜んだという。原節子ともう一度仕事ができることになった小津の嬉しさが伝わってくるようなエピソードである。

『麥秋』は、『晩春』と一卵性双生児のような作品で、よく間違える。まずタイトルが「春」と「秋」という季節が使ってあるし、舞台が同じ北鎌倉だ。しかもテーマは紀子の結婚。ただし、『晩春』で紀子の結婚を思いやるのは、父の周吉だったが、『麥秋』では三代にわたる大家族の人々である。

紀子の家の隣は三人家族だ。謙吉（二本柳寛）は妻に先立たれ、幼い娘と、母たみ（杉村春子）と住んでいる。謙吉が秋田に転勤することに決まり、紀子が餞別を持っていった時に、たみはふと紀子に「あなたのような方に、謙吉のお嫁さんになって頂けたらどんなにいいだろう」と洩らす。すると、図らずも紀子は「あたしでよかったら……」と結婚を承諾してくれたのである。たみは大喜びする。紀子の家族は大反対する。しかし紀子の決意は変わらなかった。

砂浜シーンの火花

小津作品のなかで、私が最も繰り返し見るのは『麦秋』である。個人的には、『東京物語』より好きだ。特にラスト三〇分は、何十ぺん見たか分からない。

その理由は、登場人物のキャラクターが、子供まで含めて、みんな秀でて、みんないとおしいからである。作品全体にユーモアがある点も魅力だ。そして、作品の奥底に隠された深い意味がジグソーパズルのように組み立てられているので、何度見ても発見がある。

しかし何より心惹かれるのは、原節子が彼女の全作品の中で最も美しいと思えるからだ。この作品で、彼女は潑剌として、輝くように活き活きとしている。特に秋田へ行く前に、彼女は義理の姉である三宅邦子と砂浜を歩く。そのシーンの原節子の美しさは、尋常ではない。

映画のなかで女優があまりに美しく撮られているので、奇妙に思っていたら、その女優と監督は愛情関係にあったという例は、よく見られることだ。例えば、周防正行監督の『Ｓｈａｌｌ　ｗｅ　ダンス？』（96年）の草刈民代は、「なんでこんなにきれいなんだろう？」と思ったら、映画の完成後、二人は結婚した。『心中天網島』（69年）の篠田正浩と岩下志麻、『儀式』（71年）の大島渚と小山明子、『獲物の分け前』（66年）のロジェ・ヴァディムとジェーン・フォンダ、『鳥』（63年）のアルフレッド・ヒッチコックとティッピー・ヘドレン……女優をあれほど美しく魅力的に撮れたのは、やはりそこに尋常ならざる愛情関係や信頼関係が介在していたからなのだろう。

同じように、『麥秋』の原節子があれほど美しく撮れているのは、そこに小津の原節子に対する並々ならぬ思いや愛情を感じることができる。特に、その頂点がこの砂浜のシーンだった。すでに火花はバチバチと散っていたのである。

ここで、原節子と三宅邦子は、共に白いブラウスを着ている。まぶしいほどのその白さは、純潔性と官能性を秘めている。特に、三宅邦子はボタンを首まできちんと締めているのに対し、原節子は半開き！　小津は原節子の胸元を開けさせ、襟を立てさせている。これは明らかに、原節子のセクシー度を開花させるための演出なのだ。

このシーンは小津と野田高梧がずっと脚本を書いていた旅館「茅ヶ崎館」の裏の砂浜で撮影された。私はこの旅館にも行ってみた。原節子が泊まった部屋は広い「三番」の部屋だった。

「スタッフの方たちに、梨の差し入れをしたい」

と原節子から頼まれたので、四代目の当主は、すぐさま梨を買いに行ったそうだ。

その時の三宅邦子の談話が残っている。この砂浜のシーンで紀子はこう言う。

「ほんとはねお姉さん、あたし、四十になってもまだブラブラしているような男の人って、あんまり信用出来ないの」

リハーサルの時、原節子がこの台詞を三宅邦子にしゃべった後に、間髪を入れず、小津は次の言葉を付け加えた。

「でも、小津さんは別よ」

スタッフ一同、大爆笑となった。

しかしこの時、冗談めかして言った小津は、案外そのなかに、真実を込めていたのかもしれない。

結婚のウワサ話『めし』

実際この頃、小津と原の結婚話の噂が出ている。

原が主演した成瀬巳喜男監督の『めし』（51年）の公開日がこの年の一一月二三日。一一月に入って、急に湧き上がったことから見ても、結婚の噂は、どうも『めし』の宣伝のためだったらしい。出所は東宝の宣伝部だったのかもしれない。

それでは小津は、このウワサ話をどう思っていたのだろう？　一一月一七日の日記に一行だけ、以下のように記されている。

「このところ、原節子との結婚の噂しきりなり」

それ以上も以下もない。この一言を書いた小津の気持ちは、推し量るしかないが、小津自身は、このウワサ話に決して嫌な気持ちはもっていなかったはずである。案外「ブフッ」と笑っていたのかもしれない。そこには、小津の照れもあり、諧謔的な嗜好もあったことだろう。しかし、この投げやりで、傍観者的な書き方でも想像できるとおり、この結婚話は進展することなく、いつの間にか立ち消えてしまった。

『麥秋』も、「キネマ旬報」ベストワンに輝いた。この日本映画の黄金時代に、小津は一九四九年に『晩春』、五一年に『麥秋』という傑作を原節子とのコンビで連続して完成させたのだ。この頃の日本映画のレベルは相当に高く、その並みいる芸術作品を押しのけての連続ベストワンは、小津の実力を知らしめたようなものである。

それならば、夢よもう一度とばかり、紀子三部作の頂点となる作品が次に企画される。それが五三年の『東京物語』だった。

私は『東京物語』は、てっきり、「キネマ旬報」ベストワン作品だと思っていた。しかし実際は、今井正監督の『にごりえ』(53年)に次ぐ二位だった。

ところが、二〇一二年のロンドン・オリンピックが開催された最中に、イギリス映画協会(BFI)が発行する老舗の映画雑誌「サイト・アンド・サウンド」誌で、一〇年に一度行うアンケート調査の結果が発表された。映画監督三五八人によって選ばれたオール・タイムを通しての世界映画ベストワンは、『東京物語』だった。それまで不動とされてきたオーソン・ウェルズの『市民ケーン』(41年)を蹴落としてのトップである。当時、もう一つの金メダルということで、大きな話題となったことは記憶に新しい。

第3回　伝説の創建

小津映画リトマス試験紙説『東京物語』

『東京物語』のストーリーはこうである。

尾道に住む笠智衆と東山千栄子の老夫婦は、山村聡扮する長男や、杉村春子扮する長女の住む東京にやって来る。息子や娘はそれぞれ家庭をもって忙しいために、父母を熱海の温泉に追いやってしまう。結局、東京で最もやさしくしてくれたのは、血のつながった身内ではなく、戦死した次男の嫁・紀子だった。帰郷後、母は急死する。家族は葬式のために尾道に集まり、そして去っていく……。もちろん、この紀子を演じたのが原節子だった。

私は東京に出てきた一九歳の時、銀座の並木座で、『東京物語』を初めて見た。もちろん当時はビデオやＤＶＤはあろうはずがない。いろいろな本を読んで、この映画が世界のベストテン級に輝く名作であることを知っていたから、何としても見たかったのだ。

ラストが近くなるに従って、ひょいと右隣を見ると、中年の女性がオイオイと泣いている。ところが左隣を見ると、こちらのおじさんはグーグーといびきを立てて熟睡している。その反応のアンバランスさ！　私個人のことを言えば、どこがいいのか、さっぱり分からなかった。

小津は「客に説明しようと思うな。分かる人だけ分かればいい」というポリシーを貫いた。それだけに表面はさりげないが、描かれる奥は深い。観る方が小津のレベルに達しない限り、彼が描いた世界を理解するには、なかなか到らないのだ。

しかし一〇年たち、二〇年たち、『東京物語』を再見すると、そのすごさというのが、おぼろげながら分かってきた。年をとるということは、とりもなおさず、身内のなかから葬式を出す経験が増えて来るということなのだ。つまり〝死〟というものがより身近になったからなのだ。

『東京物語』で原節子を演出する小津安二郎

個人的な話で恐縮だが、私は「殉愛　原節子と小津安二郎」という本の中の、『東京物語』という項を書いている時に、たまたま母が亡くなった。看病、危篤、死去、葬儀、残務整理の真っ只中で、『東京物語』のことを書いている自分を不思議に思った。その体験を経た今、『東京物語』を見たら、私もあの並木座のおばさんのように涙してしまうだろう。

静かに流れていく時間のなかで、今、自分が生きている世界から、人やものが少しずつ消えていくことの寂しさ、虚しさ、無常観を心から感じたからだ。その意味で小津映画は、年をとればとるほど分かってくる映画の典型だといえる。

小津映画は少なくとも一〇年に一度は同じ映画を見てみたい。小津映画自体は普遍的で変わらない。しかし一〇代の時、二〇代の時、三〇代、四〇代、五〇代、六〇代……その時、自分は小津映画をどれほど理解できるかを確認したいと思うからだ。つまり小津映画は、自分が人生をどれだけ分かっているかを測定する「リトマス試験紙」の役目を果たすと思う。それが、「小津映画リトマス試験紙説」なのだ。

「僕は豆腐屋なんだから、ガラッと変わったものを注文されたってダメだよ。油揚げとかガンモドキとか豆腐に類したものならいいけど、カツ丼を作れと言われたって無理だよ」

小津はこう言い続けて、生涯ただ一つのものしか描かなかった。その唯一のものとは〝家〟である。といっても、ハッピーなファミリー映画のことではない。より詳しく言えば〝家の崩壊〟である。

我々が〝家〟というものを意識する時、それは親戚が集まり、何々家といった名義で催されるセレモニーの時だ。だからこそ、小津映画にはあれほど繰り返し、結婚式や葬式や法事のシーンが登場したのである。

小津は一生独身を通した。だからこそ、その客観的な立場から、今は仲良く暮らしているが、いつかはバラバラに別れなければならない家族の絆のはかなさを一貫して見つめえたのである。『晩春』も『麦秋』も、紀子の結婚を機に、家族がバラバラになっていく話だった。『東京物語』も、小津が描いてきた〝家族の崩壊〟というテーマの究極の形なのだ。即ちそれは、"死"という究極の別れを描いているのだ。

小津の映画には「東京～」が付いたタイトルが多い。『東京の合唱』（31年）『東京の女』（33年）『東京の宿』（35年）『東京暮色』（57年）……。『東京物語』がフランスで公開された時のタイトルは、〝Voyage à Tokyo〟（東京への旅）だった。小津がタイトルに「東京～」を使う時、それは地名を記すだけの意味ではない。

「東京～」という言葉の中には、いろいろな人間が集まってはバラバラに別れていくというはかなさが込められている。だから、『東京物語』とは、まさに「家族が別れては去っていく物語」の究極だということができる。

『東京物語』最大の見せ場は、葬式を終えて、親戚一同が帰っていた後、原節子扮する紀子と、笠智衆扮する義理の父である周吉が交わす会話シーンである。

周吉は、こう言う。

「お母さんも心配しとったけえど、あんたのこれからのことなんじゃがなあ」

紀子は不審そうな顔をする。

「もう昌二のこたあ忘れて貰うてええんじゃ。いつまでもあんたにこのままでおられると、却ってこっちが心苦しうなる——困るんじゃ」

紀子は少し悲しそうな表情をする。周吉は再婚しない紀子のことを気遣っているのだ。それに対し、紀子は「いいえ、そんなことはありません」と否定する。そして、

「あたくし猾《ずる》いんです。お父さまやお母さまが思ってらっしゃるほど、そういつもいつも昌二さんのことばっかり考えているわけじゃありません」

と言いきる。

「いやぁ、猾うはない」

と、周吉は即座に否定する。

「やっぱりあんたはええ人じゃよ、正直で……」

そう言った瞬間、紀子は、突然険しい表情を見せ、横を向いて、

「とんでもない！」

と言い切る。その表情のあまりの急変さには、周吉だけでなく、観客も驚かざるをえない。紀子は、常に笑顔を絶やさなかった人だけに、また常に誰に対しても当たりの柔らかい人として描かれていただけに、この厳しい表情の前では、そんな芯の強い所があったのかと認識を新たにせざるをえない。

「とんでもない！」と言った言葉の解釈は、さまざまにできると思う。しかし私見を述べれば、そこには小津の個人的な高揚する思いが含まれていたのではないかと考えられる。即ち、紀子は心のなかで、

「たとえ夫である昌二さんが亡くなっても、私は彼に生涯添い遂げようと本気で思っています」

と言いたかったのではないだろうか。紀子と昌二との愛は、端から気休めを言われ

ただけで済むような、簡単な愛情ではなかったのだ。もっと真摯で崇高な愛……。しかし、それが時として揺らぐこともある。だからこそ、その狭間で揺れる自分自身のことを、紀子は許せなかったのだ。

その厳しいまでの紀子の覚悟と真剣さを知った時、父親は言葉を失う。それは、まさに一つの究極の愛の形に気づいたからに他ならない。

渡された永遠の時間

紀子の気魄に押し切られた周吉は、いや、紀子の真意を理解した周吉は、おもむろに立ちあがり、引き出しからある物を取り出す。「形見に貰うてやっておくれ」と紀子に渡したのは、母が使っていた女物の懐中時計だった。

比較するために述べるが、『東京物語』は、テレビで何度かリメークされている。しかし、そのどれもが映画の崇高さを超えているとはとても思えない。時代を現代に移し替えたり、モダンな職業に変更したり、尾道の場所を変えたりしているが、単なるホームドラマとしてしか描けていないのが実情だ。戦争という影のない『東京物語』は、リメークが不可能ではないかとさえ思えてしまう。

特にひどかったのは、紀子が帰った後、庭の笹に吊るされた短冊を父が見ると、「父さんがいつまでも元気でいますように」と子供たち一同が書いていたという話を付け加えた一篇があったことだ。このエピソードを入れたライターや演出家は何を考えているのだろう？と思った。こんな結論を付けるのでは、『東京物語』を単なるホームドラマとしか考えていない証拠である。小津が書いたシナリオを相当踏襲しているくせに、小津が描こうとした〝家族の崩壊〟というテーマを、尊重する気はなかったのだろうか？　最後は何が何でも、ハッピー・エンドで終わらせねばという、テレビドラマの安直さと限界を感じてしまった。

またある一篇では、父が紀子に形見を渡すシーンを見て愕然とした。母の形見が、懐中時計からオルゴールに変更されていたのだ！　それを変更したライターは、小津が書いた意味を全く理解していないのではないかとさえ思った。

父が懐中時計を渡した意味は、そこに〝時間の永遠性〟を表現しているのだ。たとえ持ち主が変わっても、人が滅して転じても、時間だけは常に絶え間なく流れていくからだ。流れては消え、流れては消えする時間の永続性、永遠性、無常観というものを、時計というオブジェによって表現しているのだ。それは時計でしか有り得ない。決して、オルゴールで語れるものではないのである。

紀子の覚悟

懐中時計を紀子に渡した後、周吉は、つぶやく。

「妙なもんじゃ……自分が育てた子供より、云わば他人のあんたの方が、よっぽどわしらにようしてくれた……いやァ、ありがとう」

この言葉が、『東京物語』の結論である。

つまり、血のつながりというものは、一時的なはかない絆でしかない。いつかは、どこかでバラバラに崩れていくものなのだ。それ故に、人間同士の真のつながりとは、本当に人を思いやる気持ちと、それに対しての感謝の気持ちだという、ごく当たり前のことを、この周吉の台詞は語っている。

だからこそ、笠智衆が言う最後の「ありがとう」に込められた心根は、万感の思いとなって、見る者の胸を揺さぶっていく。特に肉親を亡くした者には、「あなたは亡くなったお父さん、お母さんに対して、本当に親孝行をしたのですか？」という問いを、小津は突きつけて来るのである。それ故に、このシーンでは涙を禁じえないのだ。周吉の言葉を聞きながら、紀子は涙する。悲しいシーンで泣くことを嫌い、能面のような表情のない演技を好んだ小津が、このシーンでは、原節子に思い切り号泣させている。まさにここは、小津映画の泣かせどころ。特別のクライマックス・シーンなのである。

ラスト・シーンは東京に向かって驀進していく上り列車だ。

車中には紀子が座っている。紀子は、亡き義母の懐中時計を取り出して、それをおもむろに眺めている。それは決して懐かしむような、優しい表情ではない。覚悟を決めたような厳しい表情だ。そこがポイントだ。

動いていく列車は、前進する時間や運命を感じさせる。紀子はその時間の流れに乗って、これからの未来を決意したのだろう。昌二への思いを断ち切らず、このまま最期まで昌二に添い遂げていこうと、尾道の地で覚悟したのではないだろうか。それは〝永遠の契り〟といえるかもしれない。

しかし、現実的に見て、そんな一途で潔癖で純粋なヒロインが、この世に存在するだろうか？　即物的で、世知辛いこの世の中に……。

いや、存在するのだ。

思い出してほしい。生涯独身を貫き、誰の眼にも触れられずに自分の思いを全うした原節子という女性その人が、この世に存在するではないか！　まさにそのことこそが奇跡なのである。

「しょうじ」という影

紀子という名前のように、小津が同じ役名にこだわることはすでに述べたが、小津は「しょうじ」という名前にもこだわった。

より正確にいえば、「しょうじ」は、漢字が変わったり、「昌二」になったり、「昌二郎」になったりしている。しかし、それをひとまとめに見ていけば、そこに、ある一定の意味が浮かび上がってくる。

戦前の『戸田家の兄妹《きょうだい》』（41年）では、佐分利信が演じた息子の役名は昌二郎だった。それだけに「昌二郎」は、「安二郎」を変形させた名前だと推測できる。

しかし、「昌二郎」ではあまりに露骨だと思ったのか、戦後、小津は、この自分の分身ともいえる「昌二郎」の「郎」を取り、「しょうじ」に変えて、映画のなかで何度も使っている。

例えば――これは第二部の溝口健二の回で詳しく述べるが、彼が書いた『月は上りぬ』(55年)という映画の脚本のなかで、主人公・北原三枝の恋人の役名が「安井昌二」だった。ちなみに、この映画でデビューし、その芸名をそのまま使った俳優が「安井昌二」である。

そして本論の「紀子三部作」だ。『晩春』では、紀子の婿にと最初考えられていた宇佐美淳扮する男性の名前が「昌一」だった。つまり、紀子と結婚できなかった男性である。そして『麦秋』の戦場で行方不明になった紀子の兄が「省二」。次の『東京物語』の中で、紀子の戦死した夫が「昌二」だった。

このように、「しょうじ」なる人物は、漢字が変わったり、一と二の違いはあるものの、画面に登場しなくても、それぞれに登場人物の上に重くのしかかっている重要なキャラクターなのだ。そこに、小津はある特定の役割を与えていたと考えるべきだろう。では、その意味とは何か?

それは、紀子にとっての〝不在の男〟という意味である。即ち、姿を見せないが、原節子を常に隠れた所から思い続ける〝忍ぶ恋〟としての対象を、小津はこの「しょうじ」という影の人物に演じさせていたのだ。

そう考えれば、『東京物語』のラストの意味も浮かび上がってくる。小津は昌二という幻の存在を通して、紀子に独身を貫き、生涯を終えてほしいと願ったのではないだろうか。

と同時に、映画の中だけでなく、原節子という個人的な女優に対しても、小津は「結婚してくれるな」と言いたかったのではないだろうか。そこに、小津の原節子に対する愛情が見え隠れする。

その意味では、『東京物語』は、小津が原節子に宛てたラブレターなのだ。原節子はそんな小津の望みに応え、一生独身を貫いたのだ。

小津は『東京物語』を、「僕の作品の中ではメロドラマの傾向が一番強い作品だ」と言っている。紀子と亡き昌二の究極の愛という点に注目すれば、劇中の意味が理解できる。

と同時に、原節子と小津安二郎の関係を読みとれば、それこそが、『東京物語』は隠された「メロドラマ」なのである。

繰り返されるモチーフ　『東京暮色』『秋日和』『小早川家の秋』

ここまで、小津と原との関係、あるいは小津の思いを説明してきたが、まだ納得のいかない方に、ダメ押しの証拠を提示してみよう。

小津と原がコンビを組んだ〝紀子三部作〟の後、二人はあと三本の映画を生み出す。『東京暮色』（57年）『秋日和』（60年）『小早川家《こはやがわけ》の秋』（61年）の三本だが、最初の作品での役名は〝孝子〟、後の二本はタイトルにちなんで〝秋子〟の役名が与えられている。

『東京暮色』では、『東京物語』をあれだけ完璧に作った後だから、小津は試行錯誤している。原節子の新しい面を切り開こうと思ったのか、清純で未来を生き抜こうとする紀子とは真逆のキャラクターを与えている。

孝子は子持ちで、夫と仲の悪い人妻だ。しかも自分たち兄妹を捨てた母親を憎んでいて、笑顔は全くない。外見的にも、大きなマスクをしている。大きなマスクは、映像的にはグロテスクだ。別にしなくてもいいのに、原節子にあえてさせているのは、美しいものをはぎ取ろうとする小津の意欲さえ感じさせる。妹に扮する有馬稲子は堕胎し、自殺する。まことに、暮れなずむ〝暮色〟のような映画で、小津作品では最も暗い映画だといっても過言ではない。

案の定、評価も低く、「キネマ旬報」ベスト・テンも番外の一九位に止まった。小津はそのことを相当気にしていたようで、「なんせ、旬報十九位だからね」と自嘲的に言っていたそうだ。そのために小津は、原節子と組む次回作で、もう一度端正な〝小津調〟に戻らざるをえなかった。

その『秋日和』は、小津が大好きだった『晩春』のバリエーションだ。つまり、『晩春』は母のいない父娘の話だったが、『秋日和』は父のいない母娘の話である。娘の結婚を心配する母を原節子、娘を司葉子が演じている。母にも亡き夫の友人たちから再婚話が持ち上がるが、母は娘にこう言う。

「やっぱり一人でいるわ」

「もうこれでいいのよ。今さら、またもう一度、麓から山へ登ろうなんて、もうこりごり」

実はこれと同じことを、次の『小早川家の秋』でも言わせている。ほんとに懲りずに……。映画の冒頭は、大阪で森繁久彌と原節子が見合いするシーンだったが、未亡人の彼女はラストで、義理の妹である司葉子にこう言う。

「あたしはこれでいいのよ。このままよ」

「このままが一番いいと思うの」

お分かりだろうか？　偶然ではない。もうここまで、しつこく言われたら、この言葉はもはや、小津の原節子に対する希求としか言わざるを得ない。小津は繰り返し、この台詞を書いたのだ。だからこそ、これら紀子や秋子がしゃべる台詞を、原節子は小津が希求した遺言として受け止めたのではないだろうか。

こうしたしつこく繰り返されるモチーフに関して言うなら、まだある。原節子に着せた喪服がそうだ。『東京物語』では義母の葬式の時に喪服を着ていく。『東京暮色』では、妹の葬式に行った彼女は、山田五十鈴の母親の所に、喪服を着て乗り込む。『秋日和』の冒頭シーンでは、亡き夫の法事のために、喪服を着ている。『小早川家の秋』のラストでも、義理の父・中村鴈治郎の葬式の時に喪服を着けている。

ここまで行けば、もはや確信犯。喪服を着た女性は、きりっとした緊張感があるため、どこかセクシーで官能的に見える。小津は原節子の喪服を見たかったために、こんなシーンを作ったのだ。

『小早川家の秋』は、小津が死を意識した映画だと思う。それが分かるのはラスト・シーンで、喪服を着た原と司は、葬列の最後尾に付いて、橋を渡る。そこに黛敏郎が書いた暗く重い音楽。他作品の斎藤高順《たかのぶ》の作曲した軽快な音楽とは正反対の音楽だ。そこにカアカアと泣く何羽ものカラスが橋の下にたむろする。これは明らかに三途の川のイメージだ。『小早川家の秋』は、いつかはきっと襲ってくるであろう〝死〟を予感させる映画なのである。

原節子の号泣

実際『小早川家の秋』の後、小津はあと一本監督して亡くなった。その遺作となった『秋刀魚《さんま》の味』(62年)は、またしても『晩春』の焼き直しだった。父になるのは笠智衆、結婚しようとする娘は岩下志麻だが、原節子は出演していない。

『秋刀魚の味』の後、次回作を準備中に、悪性のガン腫瘍が見つかり、小津の入院生活が続く。そして、一九六三年一二月一二日に病没する。くしくもその日は、小津の六〇歳になって還暦を迎えた日だった。小津は、自分の映画のように、特別の日を律儀に選んだかのように、きちんと死んだのだ。

通夜は翌日の一三日、北鎌倉の自宅で執り行われた。その時、原節子は弔問に訪れた。記帳は、会田昌江という本名でなされていた。

厚田雄春《ゆうはる》カメラマンが、その時の模様をこう語っている。

　鎌倉のお宅でのお通夜の晩だって、ぼくら小津組のスタッフは、仕事をかたづけてから小さな部屋へこもってわいわい盛り上がっていたんです。誰も涙を流してしんみりしてた奴なんかいない。ところが原節子さんが来られたというんで、玄関に迎えに出て、入ってこられる原さんの顔みたとたんに急に涙があふれてきて、自然と抱き合って泣き出してしまった。しゃくりあげて、こらえきれなくなったんです。

（『小津安二郎物語』）

当時、「日刊スポーツ」の記者だった石坂昌三も、その現場を目撃した一人だった。

原節子の姿を最後に見たのは、小津安二郎が亡くなった昭和三十八年（一九六三）十二月十二日の北鎌倉の小津邸。通夜の晩だった。

喪服姿の原は、白マスクをかけて小津邸前の小路に現われた。白い顔が夜目にも白く、凄絶な美しさだった。玄関での原の号泣は、外まで聞こえてきた。原はすぐ表に出てくると小走りに帰ろうとした。

私は追いかけてトンネルの前で話を聞いた。

「先生のあの独特の作風が、もう二度と見られないと思うと……。小津先生は仕事の面ではとてもきびしかった。たとえば小道具の配慮にしても一ミリの違いでもお許しにならないというふうでした。だから演技する私たちも、全く気をゆるめられず、〝こわい監督〟といわれていました。しかし私は決してそうは思いません。冗談もお好きでしたし、対人関係も礼儀正しい方でした。せめて、もう一度、小津先生とごいっしょに、精一杯の仕事ができたらと、それだけが、ほんとうの心残りです」

それだけいうと闇の中に消えた。

（「小津安二郎と茅ヶ崎館」）

このシーンは、小津と原の関係を考えるうえで、重要なポイントだ。にもかかわらず、I氏が書いた最新の原節子本のなかにも、この葬式のくだりがあるが、それを読んで仰天した。

「節子は玄関で皆に囲まれてひとしきり泣くと、ひとり踵を返して立ち去った」「ひとしきり」という言い方は、言外に「ここで節子が泣いたのは演技だった」という意味を含ませている。そうした解釈は、この石坂氏の現場レポートを無視した、ずいぶん強引な解釈である。

原節子引退の理由『忠臣蔵』

原節子は、公の場所に姿を現さず、いつの間にか、フェード・アウトしてしまった。

結局、最後の作品となったのは、小津の死の前年に公開された東宝版『忠臣蔵』

（62年）だった。稲垣浩の監督作品。大石内蔵助の妻のりくの役で、内蔵助と離縁して去っていくシーンが、図らずも原節子がスクリーンから去っていく最後のシーンとなった。

原節子がなぜ引退したか？の理由はいくつか挙げられる。まず健康上の問題。白内障がひどくなって、これ以上、撮影所で強烈なライトを浴びていては、目がダメになってしまうという不安である。またライトが落ちた事故にも遭遇し、映画を撮っていては、命が無くなるのではないかと不安に襲われたようだ。

次に近親者を次々に失ったことも、厭世的な不安を掻き立てたはずである。実兄のカメラマン会田吉男は自分が出演中の映画『白魚』（53年）の時に、事故死している。さらに実父・会田藤之助も亡くなったばかりだった。

しかし決定的だったのは、何と言っても小津安二郎の死である。彼女が絶大な信頼を寄せていた義兄・熊谷久虎は、『白魚』や『智恵子抄』（57年）で監督し共作するも、評判は芳しくなかった。念願の「細川ガラシャ」を製作しようという話も挫折した。

四二歳という年齢はまだ主役を張れる年だ。しかし司葉子、白川由美、星由里子……若手の女優たちが追いかけてきて、結局脇に回ってしまう。そうなると自分の個性を引き出してくれる監督は、小津安二郎だけだったということになる。それはこの当時――『東京暮色』『秋日和』『小早川家の秋』が並ぶ一九五七年から六一年までの他の出演作と比べれば、小津作品のレベルがダントツに高かったことからも判断できる。

その期待する小津安二郎がこの世からいなくなる。彼女の空虚感、喪失感は筆舌に尽くせないものがあったはずだ。

私は小津監督作品と原出演作品を、年代ごとに併記した表を作ってみた。それぞれのスタートは違っていたが、終結はまるでピタリと一体化するように、あるいは同化するように、見事に一致していた。

原節子の引退は、そのタイミングが重要だ。いつでも良かったわけではない。偶然ではない。小津の死という事件が、その引き金を引いたのである。

なぜ二人は結ばれなかったのか？

引退後、原節子はどうなったのだろう？

円覚寺にある小津の墓。四角い黒御影石には「無」の一字が刻まれている。小津が愛した日本酒「ダイヤ菊」も供えてあった

小津が亡くなった翌年の一九六四年の秋、彼女は狛江の自宅を引き払って、鎌倉にある浄妙寺の熊谷久虎邸に引っ越してきた。小津安二郎の墓がある円覚寺からは、歩いて行ける距離である。彼女にはせめて、小津の墓に近い場所に住みたいという思いがあったのかもしれない。彼女はそれ以後、ほとんど近所付き合いもせず、死ぬまでの半世紀の間を、ここでひっそりと暮らしたことは、冒頭に述べた通りだ。

なぜ小津の墓が円覚寺にあるかといえば、自宅の側だったからだ。小津はこの北鎌倉に、よほど愛着があったのだろう。『麦秋』製作の翌一九五二年に、北鎌倉駅の西にある山ノ内地区に、母と移り住んだ。北鎌倉は、いわば小津の庭みたいなものだった。この北鎌倉駅が、『晩春』にも、『麦秋』にも登場する。

余計な話だが、この北鎌倉駅は、多くの観光客が降りるわりには、駅舎は当時とほとんど変わっていない。なぜだろう？　明治二二年（一八八九年）、有事の際に横須賀から中国・清への物資輸送をもくろんでいた軍は、横須賀線を緊急に設置しなければならなかった。その時、最短距離を望むあまり、円覚寺の敷地内を強引に横断して、レールを敷いてしまった。寺側は当然、このことを快く思っておらず、駅を拡張することを許可しないから、当時のままで保存されているわけなのだ。

目指す小津の墓は、北条時宗廟の反対側に面した木立の中に立っていた。黒御影石の真四角で、簡素な墓碑だ。墓石には、朝比奈宗源の揮毫で〝無〟の一字が刻まれている。円覚寺に埋葬されることは、生前からの本人の希望だったという。

私がお参りした時は、墓石の前には、花だけでなく、小津が好きだった蓼科の酒「ダイヤ菊」も供えられていた。その中に一枚の名刺が置いてあった。肩書きはトルコの「映画プロデューサー」と書いてある。その名刺の隅に、日本語でこう記してあった。

「小津さん、ありがとう」

結論じみたことになるが、小津と原はなぜ結ばれなかったのだろう？

その答えは、多分こうだろう。ごく簡単にいえば、原節子はファーザー・コンプレックスであり、小津安二郎はマザー・コンプレックスだったからだ。もちろん、人間は多かれ少なかれ、この二つの要素を必ずもっている。しかしこの二人は、その度合いが桁外れて大きかった。

原節子は義兄・熊谷久虎に依存し、異常なほどの愛情を捧げている。一方、小津は母親と二人で同居し、他者を家庭に入れたくなかった。小津は母親のことを、「ばばあ、ばばあ」と呼んでいたが、深い愛情を捧げていた。俳優の佐田啓二宅が、小津の第二の家庭だったが、そこで飲んでいた時も、「安二郎を早く帰してください」と電話する母だった。

それに加えて、小津は、「きれいなものはきれいなままで保存しておきたい」と願った人だった。「近くに寄って、嫌なものを見るよりは、近づかないで、美しいイメージのなかで思いこがれていた方がいい」と思った人だった。分かりやすく言えば、小津は原節子という弁財天を神棚に置いて、毎朝柏手をポンポンと打って暮らしたかったのだ。

一方、原節子は、「自分は消極的で、生まれつき欲が少ない人間だ」と語っている。

だから多少強引でも、自分を引っ張っていってくれる男性の方が、むしろ安心して付いていけたのかもしれない。

こんな男女関係に遠慮がちな二人が一緒になっても、うまくいくはずがない。二人はそのことが重々分かっていたために、一歩踏み込んだ結婚という絆で結ばれるよりは、お互い、付かず離れずの距離感をとって、尊敬し合っていた方がいいという道を選択したのだ。そこに、日本映画史上、最大のプラトニック・ラブが成立しえたのだと思う。

しかし、それだけではこの伝説は成り立たない。現実的にそれを支えた人物がいたのである。

原節子の鎌倉の家の周囲には、当然のごとく、いわゆる有名人をゴシップ的に取材するパパラッチたちが張り付いた。

彼らは、原節子の写真を何度もカメラに収めようとした。しかしそのたびに、テレビでも新聞でも雑誌でも、それは公表の一歩手前で差し止められるのが常だった。そのことがまた、原節子を〝永遠の処女〟といわれるまでの伝説に高めさせたのだ。

なぜ、原節子は、パパラッチの餌食にさらされずに、〝永遠の処女〟を、守り続けることができたのだろうか？

原節子を支えた影の人物

それを調べていくと、一人の人物が浮かび上がってくる。その人物とは、『青い山脈』や『めし』を製作した東宝の藤本真澄《さねずみ》プロデューサーである。その点については、拙著「殉愛　原節子と小津安二郎」という本で、初めて指摘した通りだ。

藤本は実際に原節子に結婚を申し込んだことがあったそうだ。しかし、豪快でせっかちで、口角泡を飛ばすほどの大声をもった藤本と、小津のような淡々とした紳士を好む原節子とでは、水と油だったのかもしれない。藤本の求愛は、原節子からは軽くあしらわれたようだ。しかし、藤本の思いはそこで終わったわけではなかった。その純粋な思いは、別の形で遂げられる。

原節子に関する週刊誌やテレビの記事が出ようとすると、決まって東宝側からストップがかかった。それは、単なるスターというだけではなく、藤本真澄という個人的な思いによって、〝永遠の処女〟は保持されていたのである。

加えて、原節子は、箱根の仙石原に何千坪という土地を取得していた。それも、藤本真澄の功績があったといわれている。

また原節子には、毎月、東宝から年金のような形で、なにがしかの金が支払われていた。これも藤本の裁量が働いていたはずだ。しかしその年金も、一九六〇年代後半には、原側から東宝に、「もう結構です」という断りの申し込みがあったようだ。

その藤本真澄も、ガンのために一九七九年に亡くなった。一生独身だった。

もし……と考えてみよう。

藤本が独身を貫いたことが、原節子に対しての思いからだったとしたら、原節子は罪な女性である。なぜなら、小津安二郎だけでなく、日本映画史を作った大プロデューサーにも、生涯にわたって、プラトニック・ラブというべき〝純愛〟――いや、〝殉愛〟を捧げさせたのだから……。

拙著の「殉愛」というタイトルには、小津安二郎だけでなく、もう一人の影の人物――即ち、この藤本真澄という存在をも暗示させている。

円覚寺の小津安二郎の墓に参ると、映画のフラッシュ・バックのように、いろいろの人物のイメージが次々に甦ってくる。

第二部

溝口健二と田中絹代

溝口健二監督、田中絹代出演作品

1940年『浪花女』
1944年『団十郎三代』『宮本武蔵』
1945年『必勝歌』
1946年『女性の勝利』『歌麿をめぐる五人の女』
1947年『女優須磨子の恋』
1948年『夜の女たち』
1949年『わが恋は燃えぬ』
1951年『お遊さま』『武蔵野夫人』
1952年『西鶴一代女』
1953年『雨月物語』
1954年『山椒大夫』『噂の女』

第1回　下層階級の女を描いた溝口

女を観察する冷徹な目

「刑事コロンボ」の一篇に、『美食の報酬』（78年）という作品がある。『羊たちの沈黙』（91年）のジョナサン・デミ監督が演出したのも注目点だが、高名な料理評論家（ルイ・ジュールダン）が犯人というだけに、各国の料理がふんだんに出て来る楽しい回である。

その中で、コロンボと一緒に「ふぐさし」を食べている日本人がいる。在ハリウッドの日本人俳優・マコが演じているが、彼の役名が「オヅ・ケンジ」なのだ。もちろん、「小津安二郎」と「溝口健二」を合体させた名前である。こんな所からも、日本の巨匠監督が、いかに海外で人気が高いかがうかがい知れる。

日本の三大監督と言えば、黒澤明、小津安二郎、溝口健二……四大監督といえば、これに成瀬巳喜男が加わることは異論のないところだろう。

この四大監督の映画にすべて出演した女優が田中絹代だった。なかでも彼女は溝口健二と緊密な関係にあって、溝口にとっての最高の演技を披露してくれた女優が田中絹代だった。

まず溝口健二に関する象徴的な話を二つ紹介しよう。一つ目は、溝口の助監督である内川清一郎が語った話である。溝口と彼が銭湯に行った時だった。

「先生、背中をお流しいたしましょう」

と手拭いを握った内川は、師匠が向けた背中を見てギョッとなった。そこには肩から一線、カミソリで斬られた傷が、くっきりと刻み込まれているではないか！　驚く助監督を尻目に、溝口は自分の肩をぽんと叩いて、

「これでなきゃあ、女は描けませんよ」

と言ったそうだ。

この傷が付けられたのは一九二五年、溝口がまだ二七歳の時だった。その出来事は

「溝口のやとな事件」と言われている。「やとな」とは、「雇われた女」という意味である。溝口は京都木屋町のやとなとの間で情痴事件を起こし、彼女に追っかけられ、斬られて入院したのである。ちょうど『赤い夕陽に照らされて』(25年)という映画が撮影に入った三日目の出来事だった。この事件により、溝口は監督を降りて、別人が代役を務めた。この斬られた傷を、溝口はまるで勲章のように誇っていたことを内川が語っている。否、溝口自身は自嘲的に言っていたのかもしれないが……。

もう一つの象徴的な話は、溝口の妻と溝口の愛人が喧嘩をしてしまった時の話である。そんな時は、自分が喧嘩の元凶であるのだから、「まぁまぁまぁ」と間に入って、なだめて、止めに入るのが普通だろう。ところが溝口は止めなかった。じっと二人の成り行きを見ているのだ。こんな修羅場で、女はどんな言葉を吐き、どんな行動をするのか? 溝口は冷徹な目で、それをじっと観察していたのである。まさにリアリズム。それぐらい、溝口は女性の生態に興味があった。

溝口が生涯追い続けたテーマはこの〝女〟だった。だから溝口の映画を見ると、女性のことがよく分かる。新派悲劇のような、ロマンティックできれいごとでは済まされない女性の生の姿が、スクリーンに映し出される。なるほど、女性とはこんな考え方をするのか、こんな行動に出るのか、といったような……。

ただしそれは下層階級の女性に限られていた。芸者や女給や娼婦などを描いた時に、溝口の腕は冴えに冴える。それに対して、唐のお姫様である『楊貴妃』（55年）や、旧華族である『雪夫人絵図』（50年）などは、溝口自身がその実態がよく分からないために、出来は今一つだった。それは、彼が上流階級の女性を描くのは、いかに不得手であったかということの証明ともなった。

黒澤明は三〇本にわたるすべてのシナリオを自分で書き、自分の納得のいく作品しか撮らなかった。すべての作品が成功作とは言えないが、すべてに全力投球したのだから、少なくとも極端な駄作はなかった。小津安二郎も、自分の美学を貫き通した監督なので、極端な失敗作はなかった。

それに対して、溝口健二は、結構会社のために作ったご都合主義的な作品――例えば初期の一九二三年には、「怪盗ルパン」を翻案した『８１３』という際物《きわもの》まである。また、戦時中の一九四四年には、『宮本武蔵』などといった、どうしようもない国策映画にも協力している。つまり出来不出来が激しいのである。

しかし気分が乗った時や、下層階級の女性を描いた場合は、余人の追随を許さなかった。その最高傑作が『西鶴一代女』(52年)である。これは大名の高貴な夫人が身を崩し、最後は最下層の娼婦である夜鷹に身を落とすまでの辛い話だ。外国でのタイトルは「お春の一生」。このお春を演じたのが田中絹代だった。

大女優を罵倒『瀧の白糸』

溝口健二は、一八九八年(明治三一年)東京の湯島に生まれ、浅草に育っている。日活向島撮影所に入社したのは一九二〇年、二二歳の時だった。二年後の『愛に甦る日』(22年)という作品で早くも映画監督のデビューを果たす。

ところが翌一九二三年(大正一二年)九月一日、関東大震災が起こった。本所や向島は強風に煽られて火災が発生し、死者が多数出た所で、撮影所も決定的な打撃を受けて、使い物にならなくなった。そこで溝口は、京都の日活大将軍撮影所に移っていく。「大将軍」とは坂上田村麻呂に由来する土地だが、今は撮影所を思い出させるものは、何一つ残っていない。

しかし関西への移住は、溝口にとって決定的な変化をもたらした。ちょうど江戸っ子の谷崎潤一郎がこの時、関西に移っている。谷崎が自分のアイデンティティーをこの地に見出したように、溝口も東京より関西の水が、自分の好みに合うことを見出していくのである。

溝口は京都で次々に映画を監督したが、初期の作品の傑作に、『瀧の白糸』(33年)がある。まだ音のないサイレント映画だ。原作は泉鏡花。溝口は泉鏡花が大好きだった。私は最近、金沢に講演に行き、その際、泉鏡花の生家――今は「泉鏡花記念館」になっていたが、そこに寄ってきたばかりだ。この映画の舞台は金沢である。

その主演を果たしたのが、入江たか子だった。『瀧の白糸』における彼女の美しさは際立っている。黒澤明の作品でいえば、あの『椿三十郎』(62年)の奥方・睦田夫人を演じた女優さんと言えば、分かりが早いだろう。当時は踏み台になった三十郎が、彼女の重さに閉口するくらいにふくよかだった。しかし、戦時中の黒澤作品『一番美しく』(44年)では、まだほっそりとして、美しい舎監役に扮していた。

その彼女が戦後、溝口の『楊貴妃』に出演した時の話だ。彼女は京マチ子扮する楊貴妃の下で働く女官の役を演じていたが、溝口は彼女の演技に延々と難癖を付けたのだ。上流階級の何たるかがよく分からず、時間稼ぎのために、イチャモンを付けていたのかもしれない。そしてついには、こんな言葉を彼女に浴びせてしまった。

「猫ばっかりやっているから、高貴な演技ができないんです！」

入江たか子は戦後、大映からオファーが届いた『怪談佐賀屋敷』（53年）や『怪猫有馬御殿』（同年）といった化け猫映画に出演した。生来が真面目人だから、一生懸命努力して、化け猫の役に挑んだ。その時の苦労話を本人自身は、こう語っている。


怪猫映画は大映の永田社長が考え、私にやらせるとおもしろいと思われたようですが、いくら大当たりしても、そりゃあいやでした。みなさん三流映画というのですが、私は引き受けた以上、しっかりやろう、手を抜いちゃいけない、とずいぶんと猫の研究をしました。京都の有名なお鮨屋さんにでかけ、そこで猫の動作を覚えたり、階段からポーンと飛び降りたとたんにもう歩いている、というあの動きをどう演技するか苦心したものです。

第一回の怪猫映画で、監督が〝そこで、すごみをだすのに、口の周りをペロッとなめるといい〟と言われ、本番で紅ガラをなめたのですが、その後ノドが渇き、苦しみだして……。注射しながら最後の立ち回りをしたあと、とうとう倒れてし

まいました。（略）
スゴミをだすため、夜中に池の鯉をつかまえ、パクッとかじるシーンがありました。リアルさをだすためにホントにガブッとやった。とたんに、鯉の内臓のニガリがプシューとでてきて何とも気持ちが悪くって、撮り終えると〝早くバケツを頂戴〟と叫んでしまったことも忘れられません。

（週刊サンケイ臨時増刊「〝大殺陣〟チャンバラ映画特集」）


結局、溝口から罵倒された入江は、『楊貴妃』を降板し、浪花千栄子がピンチヒッターとして立った。その時、『瀧の白糸』の頃を知るスタッフは、

「かつては、あなたが入江プロを主宰し、溝口さんを雇っていた立場だったじゃありませんか」

と言って、入江を慰めたそうだ。

ちなみに、この可愛そうな話に同情した大林宣彦監督は、『麗猫伝説』（83年）というテレビドラマに、入江たか子、若葉という母娘を起用し、彼女たちの奮闘ぶりにオマージュを捧げている。

山田五十鈴と依田義賢『浪華悲歌』『祇園の姉妹』

その後、後に大映の社長になる永田雅一——ワンマン社長で、別名「永田ラッパ」としても有名だった彼が、「第一映画社」を設立した。溝口は、ここを拠点に名作を二作送り出している。一九三六年に製作した『浪華悲歌《なにわえれじい》』と『祇園の姉妹《きょうだい》』がそれで、映画はすでに音が入ったトーキーの時代になっていた。

どちらも山田五十鈴が主役で、前者は、当時女性の高級職と呼ばれた電話交換士の役を演じている。いわゆるモダンガール、略してモガそのものの役だ。後者では、芸者でも数段格が下だといわれる祇園乙部の世界を舞台にしている。当時は身体を売り買いされた花街で、彼女はラストで「こんな仕事なんか、なけりゃあいいんや！」という名台詞を吐く。

その役名が「おもちゃ」。まさに旦那衆からおもちゃのように弄《もてあそ》ばれる様が彷彿としてくる。ちなみに、後に新藤兼人がシナリオを書き、深作欣二が監督した、水揚げされる芸者（宮本真希）を描いた『おもちゃ』（98年）は、この映画へのオマージュから成り立った作品だ。

これら二本の作品は、溝口健二にとっても画期的な映画だった。それはシナリオ・ライターの依田義賢と出会ったことだ。依田はこの後、溝口と組んで名作を次々に誕生させる。依田は何度も「書き直せ」と命じる溝口からの過酷な要求に耐え、絞られ、鍛えられ、一流の脚本家に成長していった。

依田義賢の名前を覚えてもらうために、こんなエピソードをご紹介しておこう。『スター・ウォーズ　エピソード1』(99年)のキャンペーンのために、ジョージ・ルーカス監督が来日記者会見を開いた時の話だ。六五〇人集まった記者の中で、私の横にすわっていたコピーライターの糸井重里が質問した。

「依田義賢さんというシナリオ・ライターがいます。『スター・ウォーズ』のなかにヨーダという人物が登場しますが、依田さんによると、『あのヨーダは自分をモデルにしたものだ』とおっしゃってます。それは本当なのかどうか？　イエスかノーかだけで結構です」

するとルーカスは即座に答えた。

「NO！」

新藤兼人・溝口への旅『愛妻物語』

一九三七年、溝口健二は、永田雅一が移った「新興キネマ」で、『愛怨峡』を撮る。力強く生きる主役の女性を演じたのは山路ふみ子。私も一時期、審査員を務めたこともある「山路ふみ子映画賞」の基金を作った女優としても有名である。

この映画を見て、大感激した映画人がいた。新藤兼人である。きれいごとではない、今までの映画にはなかったリアリズムの凄さに驚愕したからだ。ここから新藤兼人の溝口探索の旅が始まる。

溝口は戦時中、『元禄忠臣蔵』（41〜42年）という大作を撮影する。これは討ち入りのない忠臣蔵として有名だが、実際の江戸城松の廊下の青写真を持ってきて、実寸のセットで再現した。それを再現したのが、美術監督の水谷浩。この名スタッフも永く溝口映画に貢献するが、新藤兼人は、この水谷の下で美術助手として働いた。

その後——まだ戦時中だが、新藤がシナリオを書き始めた頃の話である。松竹下加茂撮影所で撮影中の溝口のもとを訪ね、新藤は自分が書いたシナリオを見てもらった。

「分かりました。明日までに読んで、感想をお伝えしましょう」

と溝口は言ってくれた。ところが翌日、溝口はそのシナリオを、ポンとつっ返し、自分の感想を述べた。

「これはシナリオではありません。ストーリーです」

自分の尊敬する大監督からそう言われたのだから、新藤のショックは想像するに難くない。実はこの苦い記憶を、新藤は戦後になって映画化している。『愛妻物語』（51年）というタイトルの作品で、新藤の監督第一作だ。

新藤には宇野重吉、溝口には滝沢修、新藤の愛妻役には乙羽信子が扮している。愛妻とは新藤の最初の奥さんで、仕事は映画の記録係、いわゆるスクリプターだった。溝口から与えられたショックで意気消沈した夫を、愛妻は何度も励まして、彼が一本立ちした時に病気で死んでいく。

新藤は、個人的な記憶、つまり自分に起こった大切な実話をシナリオに書いたのだが、この特別な作品だけは人に監督させたくないと思って、自分で監督した。その評判が良かったために、その後はシナリオだけでなく、監督も始めることになったわけだ。

新藤は後に、溝口へのこうした思いに決着をつける意味において、ドキュメンタリー『ある映画監督の生涯　溝口健二の記録』(75年)という映画を作る。私家版と銘打ったプライベートな作品だ。溝口に関わった人たち三九人に、新藤自身がインタビューしてまとめた、すぐれた記録映画だった。

実は私は、新藤作品のなかでは、この作品が最も好きで、最も繰り返し見た映画だ。最初はパリで見て、大変感動した。この手法を使えば、黒澤明に関するドキュメンタリーができると思ったからだ。

つまり黒澤の周辺にいたスタッフ、キャストにインタビューして黒澤論を展開するといった作品……。結局、私の場合は、映画ではなく、「巨匠のメチエ　黒澤明とスタッフたち」(フィルムアート社刊)という本にして、インタビューを活字化することによって、その夢を果たしたのだが……。しかし、そのインスピレーションを与えられたのは、まぎれもなく、この『ある映画監督の生涯』によってだった。

映画が完成してから初めての試写が、新橋の小さな試写室で行われた。ごく内輪の人に対しての試写だったので、田中絹代、依田義賢、山路ふみ子など、溝口にゆかりのある人だけが集まった。試写が終わって、絹代がそそくさと帰ろうとしたので、新

溝口健二と田中絹代

藤は呼び止めて、感想を聞こうとした。その時、絹代の顔は蒼白になっていたそうである。

田中絹代という女優は、素顔をあまり見せない人だった。ガードの固い女優だった。ところが、この映画では、自分の素顔が映っているではないか！この映画をご覧になった方はお分かりだろうが、彼女のインタビューのラストでは、目に光るものさえ見えている。スクリーンに自分の本音の姿を見て、絹代は愕然としたのである。

新藤はこの映画を撮る際に、まず最初に田中絹代にインタビューしたそうだ。そこで手ごたえを得て、絹代の本心をとらえることができたという確信があったが故に、その他のインタビューも進めていったという。絹代のインタビューが作品の核心部分だった。つまり新藤も、溝口を切り取るキーパーソンは、田中絹代だと考えていたわけである。

それでは、田中絹代とは一体どういう女優なのだろう？

第2回　演技開眼した田中絹代

筑前琵琶のスターに

「絹代さんは凜とした気丈な女性でした。ここ『田中絹代ぶんか館』は、そんな彼女たちを象徴するにふさわしい場所です」

「田中絹代メモリアル協会」の河波茅子《かやこ》事務局長は、そう言って胸を張った。

電信局をリニューアルした下関市の「田中絹代ぶんか館」

山口県に、「下関市立近代先人顕彰館」というミュージアムがある。ここは、もと逓信省の「下関電信局電話課庁舎」という大正時代のモダニズムを取り入れた瀟洒な建物を、二〇一〇年にリニューアルしてオープンしたものだ。平たく言えば電話の交換局。ここは女性の電話交換手たちが勤しんだ場所だったのだ。

電話交換手という仕事は、戦時下では、通信というひときわ重要性をもつ職業である。そのため彼女たちは、「死んでもブレスト（ヘッドホン式送受話器）をはずすな」と教えられ、最後まで残って殉職した女性は各地に多く見受けられる。映画『樺太1945年夏　氷雪の門』（74年）を見れば、そのことがよく分かる。

一階は、地元の作家・古川薫などを顕彰した「ふるさと文学館」になっているが、二階は、「田中絹代記念館」として、彼女のさまざまな遺品や映画資料が展示されていた。特に見物は、『サンダカン八番娼館・望郷』(74年)でベルリン国際映画祭主演女優賞(銀熊賞)を受賞した時の熊のトロフィーである。

なぜここに田中絹代ゆかりの記念館が出来たかというと、彼女の生まれ故郷が下関だったからだ。田中絹代は、この地に一九〇九年に生を受けた。四男四女の末娘だった。絹代は実名である。

母ヤスは大地主の小林家の出身で、小町娘といわれるほどの美女だった。実家は廻船問屋を営む大金持ちの庄屋だった。

吉川英治原作の「宮本武蔵」のなかで、武蔵が巌流島へ行く前に船問屋に宿泊する。その船問屋主の名前が小林太郎左衛門と書かれているが、あの人物が小林家の先祖だ。そして、この家系に居たのが小林正樹監督である。後に松竹に入社し、木下惠介監督の門下に入り、『人間の條件』シリーズ(59～61年)、『切腹』(62年)、『怪談』(65年)、『上意討ち　拝領妻始末』(67年)といった名作を創った巨匠監督だ。絹代とは又従姉弟に当たる。

父・田中久米吉は小林家の廻船問屋に勤める大番頭だった。独立して呉服屋を営み、絹代が生れた頃は、貸家を二〇軒も持っていた。ところが絹代が二歳の時、脳卒中で死亡した。

四歳の頃、信用していた使用人が家の経理をごまかして、なじみの芸者と共に逐電する。

六歳の時、絹代は下関市立王江尋常小学校に入学。母は習いごとに熱心だったので、絹代はこの頃から琵琶を仕込まれる。英才教育である。

この当時、絹代が住んでいたのが「田中絹代ぶんか館」の西に位置する丸山町で、小高い丘、日和山の頂上近くだった。現在、日和山公園には高杉晋作の像が立てられて、関門海峡を見下ろしている。幼い頃、絹代もこの風景を見たことだろう。その風景を彼女は一生覚えていた。

不幸は度重なる。彼女には四人の兄がいた。絹代は、この兄たちの面倒を見て、生涯苦労することになる。長兄は徴兵検査に行くと言って失踪。そのことで、周りからいろいろ言われたことだろう。またこの頃、家が大きく傾く。そこで絹代が七歳の時、一家は大阪天王寺に引っ越さざるをえなかった。

次兄はノイローゼになって、華厳の滝で自殺を図った。生き残ったのだが、肺炎となって、結局病死する。三男は撮影所で働いたが、長続きせず、絹代との間は終始ゴタゴタがあったようだ。四男は難病であるパーキンソン病を患い、絹代が面倒を見なければならなかった。彼女がガードが固く、人に家族の事を話したがらなかったのは、こんな家庭の事情があったからなのだ。

トーキー第一作に主演『マダムと女房』

絹代は一〇歳の時、筑前琵琶の免許を受けるまでに上達し、学校を辞めて、スターを目指す。一九二〇年、琵琶の師匠が「宝塚歌劇団」を真似て、「琵琶少女歌劇団」を結成し、彼女はそのスターの一人として舞台に立ったのである。一一歳の時だった。「琵琶少女歌劇団」の隣には映画館があった。絹代はその映画館によく通って、栗島すみ子などのスターに憧れ、「私もあんな映画スターになりたい」と思ったそうだ。その夢は一九二四年、一五歳の時、知り合いに紹介してもらって、松竹下加茂撮影所に入社したことから口火が切られる。

デビュー作は『元禄女』(24年)の腰元役。この映画の監督が野村芳亭――『張込み』(58年)や『砂の器』(74年)の野村芳太郎監督の父で、当時撮影所長だった。ちなみに、第三部、木下惠介篇で取り上げる高峰秀子を起用し、五歳での映画デビュー作を監督したのも、この野村芳亭だった。

この年、絹代は清水宏監督の『村の牧場』(24年)で、すでに主役を演じている。翌二五年、一時的に下加茂撮影所が閉鎖されたので、これを機に、撮影所の人間は東京蒲田撮影所に移る。

二七年、絹代は一八歳で、その清水宏監督と結婚した。しかしお互い若すぎて、喧嘩は絶え間ないものだった。

「おしっこ事件」というのは、この頃のことで、暴れ放題、駄々っ子みたいな所があった絹代は、喧嘩した時に、「くそーッ、おしっこしたる!」と言って、清水監督の目の前で、おしっこをしたそうだ。こんな仲だったから長続きするわけがない。二年後の二九年、若い二人は離婚した。

しかし仕事は順調で、小津安二郎の『大学は出たけれど』(29年)や『落第はしたけれど』(30年)に立て続けに起用され、二〇歳で、早くも松竹の看板女優になっていた。

そして一九三一年(昭和六年)、五所平之助監督の日本映画史に残る映画に主演することになる。

作品のタイトルは『マダムと女房』。渡辺篤の主人が、隣のモダンガールであるマダムに現《うつつ》をぬかす。それに嫉妬する女房役を、絹代が演じたのである。映画自体もよくできたコメディーだったが、この映画は日本映画において、オール・トーキーの第一作という点が重要だ。

トーキーのことをちょっと解説しておくと、もともと映画は音の入ってない無声映画、即ちサイレントだった。おおざっぱに言って、一九二〇年代までの映画はサイレント、一九三〇年代からの映画はトーキーと考えておけばいいだろう。ただその過渡期が四年ほどあり、この間にサウンド版という映画も作られていた。これは、音楽と同時に効果音が入った映画で、この頃は、まだトーキーに対応できていない劇場はサイレント版、トーキーに対応しようとした劇場ではサウンド版を選んで公開されていた。

トーキーというのは、TALK、つまり「話す」から来た言葉で、スクリーンの中のスターが、自分の声で直に「話す」ことに、観客は驚いたのだ。サイレント時代の大スター、グレタ・ガルボがスクリーンでしゃべる『ガルボトーク　夢のつづきは夢…』（84年）というタイトルの映画もあるほどだ。

松竹はトーキーに関しては早くから積極的で、「土橋式トーキー」というシステムを開発し、その最初の作品に、音が話の小道具になる『マダムと女房』を選んだ。しかしこの時、不安の色を隠せない幹部もいた。絹代の下関訛りを心配したからだ。ところが公開されるや、その訛りを隠そうとする発音や、鼻にかかった「あなた〜」という甘ったるい声に、観客はよけいに魅了された。絹代の人気はウナギ登り。

この歴史的な作品に主演した後、絹代は一九三三年に、同じ五所平之助監督の『恋の花咲く　伊豆の踊子』に主演する。いうまでもなく川端康成の名作文学の映画化。美空ひばり、鰐淵晴子、吉永小百合、内藤洋子、山口百恵といったその時代のアイドルが、競って演じたのがこの薫役だった。その初代・薫を演じたのが田中絹代である。

同年、彼女は小津安二郎の『東京の女』『非常線の女』といった作品で、洋装のモガも演じている。

この頃、絹代は六大学の人気投手に恋をする。慶応大学の水原茂がその人で、二、三回デートをしたが、結局ふられてしまう。どうやら熱を上げていたのは、絹代の方だったようだ。

しかし仕事は絶頂期、お金もどんどん入ってきた。一九三六年、五〇〇坪の邸宅を建てる。〝絹代御殿〟と呼ばれるほどのきらびやかさだった。その地、鎌倉山旭ヶ丘からは相模湾が見下ろせる。

「田中絹代記念館」の河波茅子氏は、「鎌倉山からの見晴らしは、下関の日和山からの風景にそっくりです。絹代さんは、七歳まで見ていた風景を、永く心に刻みたかったから、あの場所を選んだのではないでしょうか」と語った。

ちなみにこの場所は、一時期、「山椒洞」という高級料亭になっていた。現在その膨大な土地を所有するのは、タレントみのもんたである。この場所を気に入った、亡くなった奥さんの希望を叶えての購入だったという。

そして絹代は三八年に、超ヒットとなった『愛染かつら』に主演。上原謙に恋する看護婦・高石かつ枝は、観客の胸をときめかせる。主題歌、

〽花も嵐も踏み越えて、行くが男の生きる道

と歌われる「旅の夜風」は一世を風靡した。

溝口健二からのオファー『映画女優』

さて溝口健二である。溝口は松竹大船撮影所で活躍する絹代を、京都の彼方からじっと見つめていた。いつか自分の映画で使ってみようと思っていた。

溝口は、『残菊物語』(39年)、『浪花女』(40年)、『芸道一代男』(41年)を立て続けに監督する。この三本は、〝芸道三部作〟と呼ばれ、溝口の得意としたジャンルだった。最初の『残菊物語』の時に、溝口は田中絹代にオファーしたのだが、この時は絹代のスケジュールが立て込んでおり、溝口の望みはかなわなかった。

ピンチヒッターは森赫子《かくこ》が演じたが、大変いい出来で評判を呼んだ。ちなみに、溝口の有名な撮影テクニック「ワンシーン・ワンカット」——つまり長回しの撮影法は、この映画によって確立されている。

その次の作品が一九四〇年の『浪花女』だった。この作品によって、溝口健二と田中絹代の歴史的な出会いが成就する。

新藤兼人は、『ある映画監督の生涯』を作った後、「小説・田中絹代」を執筆している。この本はテレビドラマ化された。タイトルは「花も嵐も踏み越えて・女優田中絹代の生涯」（84年）。絹代を演じたのは、秋吉久美子、溝口を演じたのは風間杜夫だった。

映画化もされた。監督は市川崑で、タイトルは『映画女優』（87年）。絹代を演じたのは吉永小百合、溝口を演じたのは菅原文太だった。映画では、この『浪花女』における出会いを克明に描いてある。

まず京都に着いたばかりの絹代の前に、何冊もの資料がどんと置かれる。溝口組のスクリプターから、「この資料を読んどいてください」と命じられる。絹代にとっては驚きだった。なにしろ若い時から超多忙で、多くの作品をこなしてきた彼女である。シナリオに書いてある台詞をパクパクしゃべるだけで、役への理解や、登場人物への感情移入などやったことがなかったからだ。そんな中で、資料をじっくり読めと言われたのである。

撮影に入ってからも、絹代の驚きは続く。彼女は結構台詞の覚えはよかった方なのだが、この台詞が現場で次から次に変わるのだ。溝口は、撮影が滞ってくると、「依田君、ちょっと来なさい」

と、命じる。シナリオ・ライターの依田義賢は、溝口の前にすぐに参じた。依田が記した撮影中の台詞が黒板に書かれ、その前で、二人のディスカッションが始まる。「この台詞は要らない」「要る」といった討論が延々と繰り広げられる。

なぜ、事前にそれをやらないのか？　成瀬巳喜男は、事前にシナリオをチェックして、要らないと思った台詞をどんどんと間引いていった。ところが溝口の場合は、現場で役者がその言葉を生の声で発した時に、ビンビンと感じて来るタイプの監督だったからである。

『映画女優』のなかでは、こんないいシーンがあった。撮影がようやくクランク・アップし、吉永小百合扮する絹代は、スタジオから出て、朝の河原の水に足を付ける。全身全霊……まことに精も根も尽き果てたのだ。しかし疲れたとはいえ、満足な表情である。それを堤の上から見ていた文太扮する溝口が、

「終わりましたね」

と言って、ねぎらうシーンがあった。

田中絹代はまさに、この『浪花女』によって、演技開眼したのである。

溝口健二の演出法『まあだだよ』

溝口健二の独特の演出法を解説しておこう。

黒澤明の遺作となったのが、『まあだだよ』（93年）である。文豪・内田百閒とその弟子たちの師弟愛を描いた映画なのだが、この百閒の奥さんを演じたのが、香川京子だった。

映画が完成した後、私は黒澤に、「香川さんの演技はいかがでした？」と聞いてみた。すると、

「実は僕は香川君の演技は見てないんだよ。溝さんの所に居た役者は、僕は全部信用してるからね」

と答えたのだ。その答えを香川に伝えたら、

「あら、いやだわ」

と笑っていた。なぜ、黒澤は溝口組の役者を信用しているのか？

私はこの映画が御殿場でロケされた時、取材に行った。記者会見の席には監督と出

演者がずらりと座っていた。私は挙手をして香川に質問した。

「香川さんは、黒澤さんと溝口さんの両方の作品に出演されてますね。そこでお聞きするのですが、お二人の演出法は違いますか？」

香川は、じっと考えて、こう答えた。

「どちらも自分で考えて演技しなければならないと言う点では同じです」

後から黒澤に聞いたら、この私の質問を覚えていたそうだ。

「香川君はあの時、ああ言ってたけど、僕は溝さんと違って、すぐに助け船を出しちゃうもんなぁ」

この意味がどういうことなのかを説明しよう。

溝口の演出法とは、役者が演じてみせると、「違います」と言う。別の演技をやってみせると、再び「違います」と言う。三度目も「違います」。何度やっても、「違います」「違います」を繰り返すだけなのだ。そのうち、役者の中にはぶち切れる者も出てくる。

「監督！　それならどうやったらいいかを教えてください！」

この言葉が出た途端、溝口は待ち構えていたかのように、烈火のごとく怒って、逆にこんな言葉を吐いて迫った。

「あなたは役者でしょう？　それで給料をもらってるんでしょう？　自分で考えなさい！」

　こうなると、演技は自分で考えなければならなくなる。単にシナリオに書いてある台詞を読んでいるのではなく、じっくりとその人物の人となりを理解しなければ、溝口は許さないのだ。そうなると、自然、役者としての腕は上がってくる。

　また香川が溝口からよく言われた言葉は、

「反射しなさい」

　だったそうである。この言葉は、その場の雰囲気に敏感に反応し、相手の台詞にリアクションすることが重要だということを教えている。

「基本的には、役者を演出するには溝さんのやり方が一番いいと思うよ。だけど僕の場合は時間がないから、こうやれ、ああやれって、結局自分でやって見せるんだよ」

　と黒澤が強調したのは、こういうわけだったのである。

『西鶴一代女』で頂点

さて、戦後がやってくる。

溝口健二と田中絹代のコンビは、戦後もずっと続いた。終戦の翌年、一九四六年には『女性の勝利』と『歌麿をめぐる五人の女』、四七年には『女優須磨子の恋』、四八年には『夜の女たち』、四九年には『わが恋は燃えぬ』といった作品が並ぶ。

それらは、当時流行のように作られた、戦後民主化政策による婦人の権利確立がテーマの映画や、溝口が得意であるはずの娼婦たちに同情を寄せたような映画だった。しかしそれらは、抜きんでた出来にはなっていない。そうした流行が、溝口に分かろうはずがなかった。彼は時代の波に乗り切れず、この頃、スランプ状態に陥っていた。

田中絹代も、一九四八年に『風の中の牝雞《めんどり》』、五〇年に『宗方姉妹《むねかたきょうだい》』といった小津安二郎の映画で主役を演じたが、この頃は小津も、まだ原節子と出会う前である。即ち、溝口も、小津も、絹代も、この頃はまだ、エンジンがかかっていない状態だったのだ。

それを象徴するような出来事が一九四九年に起きた。「投げキッス事件」である。絹代は、一一月にハリウッドに行って、大スターたちに会って、帰国した。派手なドレスを着て、口紅を付けて、飛行機のタラップに立った彼女は、その場で、「ハロー、ハロー」と言いながら、投げキッスを歓迎の人々に送ったのだ。銀座でパレードをした時もそうだった。

当時はまだGHQの統治時代で、アメリカに対して好意的な思いを持っている人ばかりではなかった。「何を生意気な！」、「アメリカびいきになりやがって！」と、大きなバッシングを受けたのだ。この時の反発は、彼女にとっても相当な打撃となったはずで、後に「この時は自殺も考えた」と述懐している。これを機会に絹代は、松竹を離れ、フリーになる。

しかし五〇年代に入ってから、溝口と絹代のエンジンは、少しずつかかり始める。五一年には、『武蔵野夫人』と『お遊さま』でコンビを組んだ。溝口は「絹代ももう年だから、きれいに撮ってあげよう」と言って、華麗で耽美な作品に仕上げた。

これは私見だが、この頃、溝口がスランプを脱した一つのきっかけは、早坂文雄にあるのではないかと私は考えている。『酔いどれ天使』（48年）で出会い、「やっとこれが俺だと言えるような作品が出来た」と黒澤に言わしめた作曲家である。

早坂が溝口作品に初めて手を染めたのは、『雪夫人絵図』だった。映画の出来もまあまあで、早坂も初仕事を無難にこなしていたのだが、この時早坂は溝口に、自分と通じるものを感じていたのだろう。

私は早坂の伝記「黒澤明と早坂文雄　風のように侍は」（筑摩書房刊）を執筆するために、早坂の遺族から、彼が書いた日記や手紙を見せてもらったことがある。そのなかに、「『お遊さま』の音楽を私に書かせてくれ」と早坂が溝口に直訴した手紙、いわば嘆願書が残っていた。早坂はこの作品で、箏曲や謡曲などの和楽を使ったりっぱな音楽を作曲している。溝口の方もこれ以後、早坂を手放せなくなる。

結局早坂は、黒澤と組んだ作品が八本、溝口と組んだ作品が八本。つまり彼は同数の音楽を、それぞれの巨匠に提供しているのだ。肺結核だった早坂は、日本映画を代表するこの両巨頭の間を行きつ戻りつして、珠玉の音楽を作曲していくのだが、その間に生命をすり減らし、ズタズタになって死んでいったというのが、私の説である。

そしていよいよ、溝口は一九五二年、『西鶴一代女』に到達する。この映画は、溝口と絹代の最高傑作、絶頂と言われるほどの評価を得た。

ちなみに、この映画の音楽は早坂文雄が担当していない。早坂の健康をおもんぱかった溝口が、別の作曲家を立てたのだ。その斎藤一郎も、この作品で毎日映画コンクールの音楽賞を受賞し、彼の代表作にもなっている。

「お春の一生」と外国で呼ばれるこの映画は、海外で絶賛され、特にベネチア国際映画祭では、国際賞に輝いた。田中絹代の名も、世界にとどろくことになる。

ジャン゠リュック・ゴダール監督は、特にこの映画が大好きで、同じ売春婦を主人公とした『女と男のいる舗道』（62年）には、『西鶴一代女』の影響が色濃く見受けられる。来日した時には、敬愛する溝口の骨が分骨された京都の満願寺に参拝している（註・現在、墓はなく、碑のみが残る）。

溝口健二は、特にフランスで人気がある。『雨月物語』（53年）は反戦映画としてのテーマがフランス人の心をとらえて離さない。また宮川一夫カメラマンの映像が、美そのものだと高い評価を得ている。アートに強いお国柄が出ているようだ。

小津安二郎は、特に家族制度の強いイギリスで人気がある。黒澤は世界じゅうの映画ファンから愛されているが、特にアメリカで人気が高いのは、アクションという武器が、黒澤映画の強みになっているからであろう。

それぞれの最屓の国のお国柄を知ることも、巨匠の個性を分析するツールになるかもしれない。

第3回　溝口と絹代は関係があったのか？

声が違う！『山椒大夫』

『西鶴一代女』を作った翌年の一九五三年に、溝口と絹代は『雨月物語』という名作を生み出した。京マチ子の妖艶な亡霊が出て来るお化け映画だ。絹代も最後にお化けとなって登場する。この映画はベネチア国際映画祭の銀獅子賞に輝いた。

私はパリで、『メナース』（77年）を撮影中のアラン・コルノー監督にインタビューしたことがある。その時、彼は「ミゾグシ、ミゾグシ」と言うので、最初誰のことか分からなかった。よく聞いてみると「溝口健二」のことだった。フランス語にはChi（チ）の音が無いので、そう聞こえたのである。彼はミゾグシの大ファンだった。彼の最高傑作となった『めぐり逢う朝』（91年）では、作曲家マラン・マレの妻の亡霊が登場する。このシーンは、『雨月物語』のラスト、田中絹代の亡霊が登場するシーンを参考にしたという。

そして翌年の五四年には、『山椒大夫』と『近松物語』という名作をものにして、溝口は戦後のピークを迎える。どちらも香川京子が主演した作品だ。

前者は森鷗外原作の「安寿と厨子王」の話。田中絹代は目の見えなくなった母親役を演じた。ラストで離ればなれになっていた息子の厨子王（花柳喜章）に再会するシーンでは、老婆のか細い声で、子守唄を歌わねばならない。

絹代は鰻や肉といったスタミナの付く料理が好みだった。このラスト・シーンの撮影の前日、それまで控えていた焼肉を食べに行って、助監督に大盤振る舞いしたという。ところが翌日、撮影中に、溝口からクレームが付いた。

「声が違う！　張りがあり過ぎる。昨日は何をしたんだ？」

溝口は、役者の細かい声質一つまでも見逃さなかった。絹代は昨日肉を食べたことを白状した。その日の撮影は即刻中止。

「私はこの時、皆様に大変ご迷惑をおかけして、本当に申し訳ない思いをさせました」

と絹代はこの懺悔話を何度もしていたそうだ。私の映画の師匠である熊井啓監督も、この話を聞いた一人だった。

結局、この『山椒大夫』の後の『噂の女』（54年）が、溝口とのコンビの最終作になった。信頼し合った二人の間に、一体何があったのだろう？

『月は上りぬ』事件

『月は上りぬ』（55年）という珍品がある。

舞台は奈良。二月堂近くに住む家族の物語だ。話はたわいないラブ・コメディーだが、この映画でデビューした安井昌二は、以後その役名を芸名にした。

この映画は小津安二郎がシナリオを手がけた日活作品という点でも珍しい。笠智衆が父親役で出演し、ロー・ポジションを多用し、ちょっと見るといかにも小津風に見える。それを監督したのが田中絹代という点でも、珍品の所以なのだ。絹代は、一家のお手伝いさん・米《よね》やのチョイ役で出演もしている。

ちなみに、この映画の助監督に起用されそうになったのが、日活に入社したばかりの熊井啓だった。しかし血の気が多く、喧嘩っ早いので、女性監督にはもう少し大人しいのがいいだろうという会社の意向で、熊井は別の作品『警察日記』（55年）に付けられた。シナリオをもらった時、「え？　官憲の映画？」と驚いたそうだ。なにしろ熊井は、後に社会派の監督として名をとどろかせる監督だから……。しかしこの作品は会津の小さな警察署を舞台にした、のどかな人情喜劇だった。

さて、『月は上りぬ』の成り立ちだ。事は一九五三年、日本電信電話公社（現在のNTT）の総裁が、「ウチがスポンサーになって、常設館で上映される劇映画ができないものだろうか」と、「日本映画監督協会」に持ち込んだことから始まる。

小津は「協会」の実力者だった。「協会」の企画、製作になるならと、その実現に奔走する。一九四七年に書いて、映画化にならなかった『月は上りぬ』のシナリオを引っ張り出してきて、改訂したのだ。スポンサーが電電公社なので、山上で新開発のマイクロウェーブ回線設置の話をするシーンなどを新たに書き加えた。

小津は脚本料を、資金難だった「協会」に回そうと考えていた。そしてそれを戦後再開した日活に、ご祝儀的な意味で配給させたのである。ある意味では、日本映画界全体のことを考える小津の、プロデューサー的資質が垣間見えた作品ともいえるだろう。

同時に、日本で二番目の女性監督として注目された田中絹代を起用したあたりは、なかなか話題を作る才能にも長けていた。田中と小津は、すでに『風の中の牝雞』『宗方姉妹』で仕事をし、旧知の仲だった。

絹代は監督には意欲的だった。生涯六本の映画を監督した。最初の頃、監督をやってみたいと言うので、成瀬巳喜男監督の『あにいもうと』（53年）で、助監督に付いている。その時に成瀬が出した条件が、「スター意識を捨てること」、「セット内では腰かけないこと」だったそうである。撮影中、見かねた主演の京マチ子が思わず先輩に椅子をすすめたこともあったという。

こうした修業時代を経て、『恋文』（同年）で、絹代は念願の監督デビューの望みを果たす。完成後、「いかがでした？」と、自分の映画の感想を溝口に聞いた。彼はこう答えたそうだ。

「まあ、あんなもんでしょう。及第点は取ってますがね」

もっとほめりゃあいいのに、と思うが、いかにも溝口らしい、愛想のない言い方だ。

それほど監督の仕事に意欲的だった絹代なのだから、翌年の『月は上りぬ』の仕事を受けないはずはなかった。

ところが、ここに溝口健二が絡んでくる。当時、溝口は「日本映画監督協会」の理事長を務めていた。しかし、関西に在住していたこともあって、「協会」での実力は、小津の方が上だった。万事、面白くない溝口は、駄々っ子のように、公然と言い放つ。

「絹代の頭では監督はできません」

それは、「折角自分が国際的な女優にしてやったのに、監督なんか、やめとけ、やめとけ。女優に専念しろ」というのが本音だったのだろう。

頭に来たのは絹代の方だ。「間を取り持ってくれた小津先生に対して失礼な！」と思ったに違いない。このゴタゴタがあったために、溝口と絹代の間に亀裂が生じ、気まずくなり、絹代は以後、溝口映画に一切出なくなったのである。

こうした経過を見ると、どこか子供じみた言動をふるう溝口に比べ、小津はあくまでも大人であり、名プロデューサーだったということができる。実際、この事件があったために、「協会」の理事長は、翌年、溝口に代わって小津が就任し、生涯を終えるまで継続することになる。

『月は上りぬ』は映画そのものより、その脇で起こった事件が、一つの日本映画史を作ったと解釈すると興味深い。田中絹代と溝口健二の間を、あるいは溝口健二と「協会」の間を引き裂いた作品として記憶しておくべき珍品なのである。

「小説・田中絹代」の功罪

熊井啓は、『サンダカン八番娼館・望郷』(74年)で田中絹代を主演に起用し、彼女にベルリン国際映画祭女優賞をもたらした監督である。熊井は彼女を、プライベートな場所では「絹代さん」と呼び、女優として、人間として大変尊敬していた。彼の遺作となった『海は見ていた』(2002年)の主役・遠野凪子は、こう証言している。

この映画に入る前、監督から「田中絹代さんの映画を全部観なさい」と言われて、かなりの数の映画を観たんですが、熊井監督にとって理想の女優が田中絹代さんだったのではないでしょうか。

（「キネマ旬報」2007年8月下旬号「追悼　熊井啓」）

そんな熊井だったから、田中絹代が溝口健二と肉体関係があったと書かれた時は、大変憤慨していた。

それは新藤兼人が一九八三年に出版した「小説・田中絹代」という本においてである。この本は、映画化やテレビドラマ化され、田中絹代を一躍世間に知らしめるのに役立った。しかし一方では、二人が男と女の一線を越えたと書かれて物議を呼んだ。本の中で、二人が結ばれた場所は、『雨月物語』をもって参加したベネチア国際映画祭の時に宿泊したホテルとまで特定されている。その部分はこうである。

絹代はあられもなく淫らになった。いつも仕事場で溝口のどんらんな目に晒され、着物の中の隅々までみつめられた恥を、今夜こそ恥ではなく、溝口の目でたしかめさしてやろう、とした。

（「小説・田中絹代」）

その後は、トーンと朝の部分に飛んでいるが、明らかにこの部分は、二人が男と女の関係になったことを暗示している。

新藤は、この部分に関して、週刊誌の記者のインタビューに対して、こう答えている。

この部分は確かにフィクションです。ぼくの二人に対する願望でもあるのですが、しかし（関係があったことは）確信している。

（「週刊読売」一九八三年三月二七日号）

それに対して、熊井は以下のように反論している。

溝口氏が田中さんに深い愛情を抱いていたことは、一般にも知られていた。氏は結婚を考えたこともあったようだ。だが果たして新藤氏が書いたような関係があったのかどうか、私には甚だ疑問に思えた。それは田中さんが、

「私と溝口先生が結婚するのではないか、とお思いになられた方は、たしかにいらっしゃいましたが、私にはその気は全くございませんでした。溝口先生は私の尊敬する方で、私の映画の夫です」

と、二人の関係を表明されたことを思い出したからだ。この「映画の夫」という言い方が、いかにも田中さんらしくて印象に残っていた。

結婚の意志がなくても関係があったと思うのは、田中さんを知らない人の言うことである。田中さんは若き日の清水宏監督との経験から、監督の結婚生活を侵害せぬように異常なまでに気をつかった。「映画の夫」とは、つまり精神的な結びつき以上の何ものでもないことをさしている。

(「婦人通信」一九八七年二月号)

熊井は、小説、テレビ、映画といった媒体によって、二人の関係が次々に具体化されていった時、それがまるで真実のように、つまり実話となって一人歩きすることを恐れたのである。

熊井は、小説が発表された直後の八三年三月、鎌倉円覚寺で行われた田中絹代の七回忌の法要に出席した。その際、「小説・田中絹代」に登場した田中の付き人・仲摩新吉に久しぶりに会っている。彼は映画『映画女優』では平田満が演じた人物で、作中では、重要な証人になっていた。

法要から帰る際、熊井は彼を車で送ったが、車の中だけでは済まなかった。彼の家にまで上り込んで、彼に詰問したという。すると、彼はこう答えたそうだ。

「あの本には、溝口先生と田中先生に体の関係があったと書いてありますが、私は宿で一度も見たことがなかったですよ。ほんとうに私は何も知りませんし、何も言ってません」

彼の証言が事実だとすれば、性的関係があったというのは、新藤監督の創作であり、願望だったということになる。では一体、彼は何を根拠に、そんなことを書いたのだろうか?

新藤に直接質問『ある映画監督の生涯』

二〇〇一年五月、渋谷の単館ロードショー劇場で、二週間にわたって、新藤兼人特

壇上で新藤兼人監督にインタビューする著者

集の連続上映会が行われた。毎日、ゲストが招かれて、トークショーが行われた。そのインタビュアーというべき相手役を、私が担当したのである。

吉村実子、佐藤慶、林光、林隆三と続き……最終日は、いよいよ新藤監督自身の来館だった。千載一遇のチャンス。これ以上の機会はないと思って、私は監督に壇上で質問した。話題は、トークショーの直後に上映される『ある映画監督の生涯・溝口健二の記録』に関してである。

私は、「小説・田中絹代」のことを話題に上げ、熊井啓監督が、それに反論していることも述べた。そして、単刀直入に聞いたのである。

「監督がそうお書きになった根拠は何ですか?」

すると、

「それは、依田さんですよ。依田さんに聞いたら、依田さんは肯いたんです」

と答えた。

「依田さん」とは、溝口監督の右腕であった脚本家・依田義賢のことである。

ところが、この依田は、新藤監督以上に、熊井監督がよく知っている人物だった。『お吟さま』(78年)、『天平の甍』(80年)という時代劇の脚本を依頼し、『千利休・本覺坊遺文』(89年)では、「キネマ旬報」の脚本賞までもたらせたシナリオ作家だった。

しかも熊井と依田は、肝胆相照らす呑み仲間だった。依田の酒は、〝依田義賢《ぎけん》〟をもじって〝酔うた機嫌〟と呼ばれるほど、陽気な酒だった。「そんな依田さんだったからこそ」と、熊井は説明する。

「依田さんが肯いたというのは、それこそ大人のゆとりからではなかったろうか。それが依田さんらしいやり方だった。新藤さんがそう思いたいのなら、それでもいいんじゃないの、という程度の軽い気持ちで、依田さんは受け流したのではなかったろうか」

新藤兼人と熊井啓の描く性

しかし、肉体関係があったか？　なかったか？などということは、本人同士でなければ分からないし、それを詮索することは、ここでは本意ではない。重要なことは、新藤兼人と熊井啓の作家としての資質の違いが、そこに端的に現れているという点なのだ。即ち、新藤兼人は二人の間に性的関係があることが願望だったが、熊井啓は性的関係がなかったことが願望だったのだ。

二人は、ドキュメンタリー・タッチを基本として映画を作り、社会にメッセージを訴えるような社会派の映画を何本も作って、一見同じ系列に見える。しかし、その発想やテーマは、両極端ほどに違っていた。

新藤兼人は、自分の映画について、こう説明している。

まず、人間がいる。人間と人間の絆、生きざま、葛藤、その中心を貫いているのは性。わたしの生き方をぬきにしてはわたしの作品は考えられない。乙羽さんとは性で結ばれた。その性から愛が芽ばえたから苦しむことになったのだ。性は生命の根源ということになるのであろうか。

（「ながい二人の道・乙羽信子とともに」）

新藤映画を貫くテーマは「性」であり、まず「性」ありきなのだ。新藤映画には、「性」を通して、人間を描こうとする生々しさとたくましさが存在する。だからこそ新藤は、尊敬する師匠・溝口健二の恋愛も、そこにまず肉体関係が介在してほしいと望んだのである。

一方、熊井啓の描きたいものは、決して生々しい「性」ではない。確かに『忍ぶ川』（72年）で栗原小巻の、『朝やけの詩《うた》』（73年）で関根恵子のヌードは描かれるが、それは、生々しい肉欲の対象というよりは、美術館で裸体の絵画や彫刻を鑑賞するような、一歩引いた視線や恥じらいやぎこちなさを感じさせる。実際、『朝やけの詩』のスチール写真に写された恋人二人が全裸で抱き合うポーズなどは、ロダンの彫像の名作「接吻」の完全なコピーである。

つまり、熊井にとっての「性」とは、文学青年が思い描くような精神的な対象であり、ロマンティックな憧れであり、プラトニックな愛情なのだ。それが故に、自分が尊敬する田中絹代の恋愛にも、そこに肉体が介在しないで欲しいと望んだのではないだろうか。

「小説・田中絹代」は、溝口健二と田中絹代の関係を記した小説だった。しかしはからずも、新藤兼人と熊井啓という対照的な監督の資質を考えるのに、絶好の題材を与えてくれたことになったのである。

演出家としての尊敬『サンダカン八番娼館・望郷』

熊井の言葉のなかにもあったように、溝口健二が田中絹代に愛情を抱いていたことは、周知の事実である。みなで記念撮影する時、絹代が隣にいたら、ぽっと顔を赤らめて、カメラマンに、

「君、もういいじゃありませんか」

と言うような純情さがあったようだ。一方、絹代の方はといえば、

「演出家としての溝口先生を尊敬しております」

と明言して、男女の仲ではなかったように思える。

溝口は、次回作「大阪物語」を準備中に体調を崩し、京都府立病院に入院し、そのまま回復に向かうことなく、一九五六年（昭和三一年）八月二四日に息を引き取った。享年五八だった。思った以上に若い。小津安二郎より、二歳も若くして亡くなっているのだ。

死去の一〇日前に、絹代は最後の見舞いに行ったことを告白している。稲垣浩監督の『嵐』（56年）に出演中で、和歌山でのロケの帰りに立ち寄っていた。

その時、面会時間は二〇分くらいと聞いていたので、絹代は、

「先生、またお見舞いに伺います」

と腰を上げた。溝口は、

「待ってますよ。東京か京都か分からないけど、それまでには僕も仕事に入っているだろうから、また再会しましょう」

と交わした約束が、最後の言葉となった。

溝口が亡くなった日、絹代は砧撮影所で笠智衆と共演中だった。その時、プロデューサーの藤本真澄《さねずみ》がスタジオに駆け込んできて、「溝口さんがお亡くなりになった」

と告げた。

絹代はショックを受けたが撮影は敢行した。ところが、監督の稲垣は絹代を写したカットを使わなかった。あきらかに動揺が見えていたからだ。そのことを絹代は悔いたように語っている。

仕事においては、大変はずかしいことですよね。そのシーンを壊して、とうとうそのね、あの、カットされましたことがね、女優というものは親の死に目にもね、間に合うようじゃ、俳優はね、いい俳優になれないという一つの、古いことばかなにか知りませんけど、なんか、やっぱりそういうものをわたしはその時にとり乱したってんですか、やはり先生の死というものをその時はですね、やはり長い間仕事の上の女房だという、亭主に死なれたと、仕事の上ではありますけれどね、夫に死なれた妻というものは、こういうものかというね、ものを感じました。

（新藤兼人編著書「ある映画監督の生涯」映人社刊からの引用）

『サンダカン八番娼館・望郷』でベルリン国際映画祭主演女優賞を受賞した時の銀熊のトロフィー（田中絹代記念館）

絹代は、『サンダカン八番娼館・望郷』の後、数本の映画に出演し、テレビに活動の場を移す。一九七五年には「前略おふくろ様」のショーケン（萩原健一）の母親役を演じたが、この頃になると、お金にも窮し、付き人の仲摩新吉に、「新ちゃん、お金」、「新ちゃん、ウナギ」とねだるようにもなっていた。最後の仕事は、ＮＨＫの朝の連続ドラマ「雲のじゅうたん」（76年）のナレーターだった。

そして一九七七年三月二一日に死去。六七年の生涯だった。

私にとって、忘れられない絹代の言葉は、熊井啓から聞いた次の言葉である。彼女は何度もこう繰り返していたそうだ。

「お陰様で、この映画でベルリン映画祭の女優賞を取れました。これで天国の溝口先生の前に行った時、『絹代はやっと国際的な女優になれました』と、胸を張って言えます」

溝口健二と田中絹代の絆――それは実人生にではなく、二人が共作した何本もの傑作映画のなかに、永遠に刻まれているのである。

第三部

木下恵介と高峰秀子

木下恵介監督、高峰秀子出演作品

1951年『カルメン故郷に帰る』
1952年『カルメン純情す』
1954年『女の園』『二十四の瞳』
1955年『遠い雲』
1957年『喜びも悲しみも幾歳月』『風前の灯』
1960年『笛吹川』
1961年『永遠の人』
1962年『二人で歩いた幾春秋』
1976年『スリランカの愛と別れ』
1979年『衝動殺人　息子よ』

第1回　出征を見送る母の哀しみ

黒澤とライバル視『花咲く港』

高峰秀子は評論家や読者からの人気が高く、アンケートをとれば、常に日本の女優の上位にランクされる。また五歳から映画界に入り、五〇年間ずっと映画界だけで生きてきた。映画が斜陽になってからも、舞台やテレビにほとんど出ることもなかった。その意味でも本物の映画女優ということができるだろう。

高峰秀子といえば、名コンビと言われたのは成瀬巳喜男監督である。日本映画四大巨匠といえば、黒澤、小津、溝口、成瀬と言われるので、なぜ成瀬を取り上げないんだ?と言われるかもしれない。確かに成瀬と高峰は戦前からコンビを組んでいるから、作品数も多く、全部で一九本を数える。それに対して木下監督との共作は全部で一二本である。

彼女は、『浮雲』(55年)や『流れる』(56年)などの成瀬作品では、じっと耐えるという女の性格を一貫して演じている。それに対して木下映画では、彼女自身、「百変化」と言っているように、さまざまなバリエーションの職種を演じている。また彼女は、

「成瀬さんは演出的にずっと一貫して変わらない。だから信用している。一方、木下さんは毎日、気分も演出もコロコロ変わる」

とも言っている。「コロコロ変わる」とは高峰らしい言い方だが、確かに話としては木下の方が波乱万丈で面白く、エピソードも豊富なので、木下をあえて、取り上げた次第である。

同時に、高峰の伴侶となる松山善三を紹介したと言う意味においても、木下は重要だ。松山は木下のお気に入りの助監督だった。更に彼女は、「五〇年目にして女優業を辞める」と女優廃業宣言をかねてから行っていたが、その五〇年目の作品が、木下の『衝動殺人　息子よ』(79年)だった。そんな意味からも、木下作品は高峰秀子の節

目、節目に位置した重要なジャンルだったということができる。

さて、ここから本論に移るが、一九九八年のことである。九月六日に黒澤明が亡くなった。その二か月後の一一月一一日に、黒澤映画が大好きだった映画評論家の淀川長治が、まるで黒澤の後を追いかけるように、旅立っていった。

そしてその一か月後、押し詰まった年の暮れの一二月三〇日に、木下恵介が没した。誰の目にもこの年は、映画における巨星が次々に死去して、一つの時代が終わった年だったと認識せざるを得なかった。

結局黒澤明と木下恵介は、同じ年に亡くなったが、生まれた年は違っていた。黒澤明が一九一〇年、木下恵介は一九一二年。二つ違いなのでほとんど同じ世代だと言っていいが、それ以上に、黒澤と木下の共通点は、監督としてのスタートを切った年が同じだったことである。まだ戦時中の一九四三年(昭和一八年)、二人は監督として同時にデビューした。

黒澤は柔道物のルーツとなった『姿三四郎』、木下はのどかな人情喜劇である『花咲く港』によってである。この二つの作品は、国策映画がはびこる昭和一八年の映画のなかでは、群を抜いていた。当時見た人たちは、それがいかに面白かったかを伝説のように語っている。その証拠に、当時新人監督に与える山中貞雄賞を、二人同時に受賞している。

これ以来、男が得意な黒澤明、女が得意な木下恵介として、事あるごとにライバルとして評価されていった。終戦直後、あるいは一九五〇年代の日本映画の黄金時代には、この両巨匠が両車輪となって、日本映画界を牽引していくことになる。

ライバルと言っても、「二人で仲良く共作しよう」と考えたこともあった。黒澤が木下に『肖像』(48年)というシナリオを提供し、木下はそれを演出したのだ。画家を主人公としたホームドラマだったが、あまりいい出来ではなかった。黒澤は木下的な要素を意識して書いたようだが、残念ながら黒澤は、ホームドラマは苦手だったようだ。

その後、田宮虎彦原作の「落城」のシナリオを黒澤が書くという話も持ち上がったが、結局共作の話はそれで立ち消えになった。

二人の間には、高峰秀子という共通点もあった。もちろん木下映画のアイドルとして、高峰は重要な役柄を担っていく。しかし高峰は黒澤作品には出演していない。では黒澤と高峰との関係とは何か？　この関係は後で詳しくお話ししよう。

かように、木下惠介は、黒澤明と比較していけば、その特質が出てくる。そうした意味において、黒澤明との比較論として、これから木下論を語っていくことにしよう。

裕福な漬物屋が実家

黒澤明と木下惠介が亡くなって、記念館を建てようという話が出た。「黒澤明記念館」は、監督の死ぬ直前から、すでに佐賀県の伊万里市で建設の調印が結ばれようとしていた。死の直後には、本館建設のプレイベントとして、地元の銀行址を利用して、サテライトスタジオが作られた。しかし記念館の規模が壮大過ぎたことと、マネージメントのまずさから、一〇年後にはご破算になった。考えてみれば、未だに「黒澤明記念館」や「三船敏郎記念館」が日本に存在しないことは、来日した外国人が不思議がる点である。

一方、「木下惠介記念館」は、死後すぐに作られた。そのニュースを聞きつけて、私はすぐさま足を運んだ。それは静岡県浜松市の駅前にあって、貸ビルの一室を借りて作られた小さなミュージアムだった。現在は二〇〇九年に、「旧浜松銀行協会」の中に移転して、確固たる威厳を保っている。浜松は、楽器の工場があり、こうしたインフラには積極的な意欲を感じさせる。

なぜ、この地に「木下恵介記念館」が出来たかというと、彼の故郷が浜松だったからである。実家は駅の近くにあって、「尾張屋」という屋号を持った大きな漬物屋だった。

にもかかわらず、彼は漬物が大嫌いだった。彼はにおいに対して人より敏感で、地下から発酵してくる漬物の香りが大嫌いだったらしい。後に監督になって、ロケ弁――ロケに行った時には弁当が出るが、助監督の最初の仕事は、そのロケ弁の中から漬物を取り出すことだった。そうしないと、木下は烈火のごとく怒って、「今日は撮影中止！」と言いかねなかったからである。

彼は八人兄弟の四男だった。弟の木下忠司は、作曲家になって、木下映画の音楽を書いている。妹の芳子は、木下映画のカメラマン楠田浩之《ひろし》と結婚する。彼女は後にシナリオ・ライターになって、NHKの朝の連続ドラマ「北の家族」（73年）などの脚本を書くことになる。

楠田浩之は、木下のデビュー作『花咲く港』のカメラを担当し、楠田にとっても、それがデビュー作だった。撮影所で肝胆相照らす仲となり、「デビューする時は、一緒にデビューしよう」と約束を交わしたほどの友情だった。

これは私見だが、木下映画の端正なカメラワークは、この楠田が創ったようなもので、まさに木下映画の要だった。木下は後に彼と離れ、テレビドラマの制作に専念するが、その後、映画界に戻ってきて、映画を数本撮った。しかしそれらは、カメラを楠田が担当していなかった。だから何となく、魂が入ってないような、画竜点睛を欠くような思いだった。いわば黒澤映画の早坂文雄に匹敵するような、木下作品には必要欠くべからざるスタッフが、楠田浩之だったといえる。

木下は、こうした気心のしれた身内でスタッフを固め、映画を次々に創っていくことになるのである。

伝説のラスト・シーン『陸軍』

木下は、少年時代から写真に興味を抱いていた。上京して東京下落合のオリエンタル写真学校に入学する。

そしてツテを頼って、一九三三年に松竹に入社した。入社と同時に、名前を正吉《しょうきち》から惠介に変えた。オリエンタル時代に通った飲み屋の名前が「ケイスケ」で、それが気にいったので、自分の名前に採用したのだという。

撮影所では島津保次郎や吉村公三郎に付いた。優秀な助監督だったそうで、師匠から可愛がられた。

そして『花咲く港』で華々しくデビューした後、戦時中には四本の映画を監督する。その最後の作品が、いまでも伝説になっている『陸軍』(44年)である。

木下惠介は、

「自分は無神論者だが、神が居るとしたら、それは自分の親だ」

と言い切っている。彼は両親から愛されて育った。決して贅沢三昧に振る舞った親ではなかった。むしろ質素倹約を旨とした親だったが、教養が身に付くものなら、惜しみなく子供たちに与えていた。

例えば、助監督時代に木下が実家に帰って、家族と近くの神社に参拝した様子を、木下自身が記録した8ミリ・フィルムが残されている。当時、助監督の給料では買えなかった高級品を、親が息子に買ってあげたであろうことが推測できる。

特に母親の愛情は大きいものだった。木下作品で、何が凄いかと言えば、この母を描いた時である。特に出征する息子を見送る母を描いた時、他の追随を許さなかった。

彼は召集されて兵隊にとられたが、そんな体験があったからこそ、母の哀しみが分かるのだろう。母が出征していく息子たちを送る哀しみを、自作のなかで何度も描く。戦後作った『大曾根家の朝《あした》』（46年）や、『二十四の瞳』（54年）でも、繰り返し、このモチーフを取り上げている。そのなかでも、『陸軍』の出征シーンは傑出したものだった。

この映画は火野葦平の原作で、舞台は九州博多。親子三代にわたる家族が国にご奉公する戦意高揚映画だが、正直言って、今の目から見たら退屈さを禁じえない。ところがラスト近くになって、突然緊張感が走る。

田中絹代の母が、進軍ラッパを聞いて、外に飛び出し、メインストリートに向かう。そこからカメラは手持ちカメラになる。陸軍兵隊が戦地に向かう行進が行われている。このシーンは兵隊数百人を費やし、陸軍の協力のもとに撮影されたクライマックスだ。「大日本国防婦人会」とたすきをかけた女性たちや、旗を振りながら駆け寄る民衆も同時に収められ、未曾有の大群衆シーンを形作っている。

母は行進する兵隊の中に息子を見出す。ニコッと笑う息子。その瞬間から、勇壮な行進曲が始まる。進む息子と、それを追って併走する母の姿を、カメラは延々と横移動しながらとらえる。しかしついに根尽きて、母はバタリと道に倒れる。再び起き上がって、涙を流しながら、去っていく息子の姿に向かって合掌する。その母を写した映像の上に、エンド・タイトルがかぶさる。

私は初めてこの映画を見た時、仰天した。これは出征する母の哀しさを描いた反戦の映画ではないか！　当時は検閲が行われていたはず。よくこんな戦争反対の映画を撮ることができたなと驚いたからだ。

シナリオを読んでみれば、「母が博多駅に送っていく」と一行簡単に書いてあるだけ。そのために、検閲を通って許可されたのだ。しかし木下は確信犯だった。このシーンだけは、母の哀しみを表現しようと思って、ねばって、ねばってこの名シーンをものにしたのである。

この映画は一般に公開された。しかし案の定、情報局からクレームが付いた。

「こんな反戦の映画を撮るような監督には、次回作として予定されていた『神風特別攻撃隊』を撮らせるわけにはいかない！」

と……。

母を奪った戦争への怨み『はじまりのみち』

実はこの話は、映画になっている。アニメーション監督の原恵一が、初めての実写映画として、『はじまりのみち』（2013年）という映画を撮っている。

木下恵介を演じるのは加瀬亮。冒頭部で、松竹大船撮影所長の城戸四郎（大杉漣）から、情報局からクレームが来た旨が通達され、木下は辞表をたたきつける。しかし会社はそれを受け取らず、師匠の島津保次郎預かりという形で休職させた。

木下は家族が疎開している静岡県に帰ってくる。浜松の「尾張屋」は空襲によって、すでに灰塵に帰していた。疎開先には、空襲で倒れ、脳卒中で口がきけなくなった母たま（田中裕子）が床に臥せっていた。迫り来る本土決戦のために、母を更に奥の勝坂という山間地まで運ばねばならない。

映画は、木下たちが母をリヤカーで運ぶというロードムービーになっている。実際に彼らが宿泊した澤田屋旅館でもロケされている。木下の母親への愛情と、木下映画へのオマージュが素直に伝わってくる。この『はじまりのみち』のなかで、私が感動した『陸軍』の伝説のラスト・シーンが、そのまま使ってあるのだ。

『陸軍』を取り上げたということは、原監督も、木下監督のキー・ワードは母だと考えていたのだろう。とにかく木下は、母を描く時、その腕は冴えるのである。

母は、その後、病気が悪化して死去する。そのために、木下は、母の生命を奪った戦争に対して終生怒りを抱き、怨みとさえいえるような思いを持続させたのである。『二十四の瞳』も、『喜びも悲しみも幾歳月』(57年)も反戦を謳った映画だった。晩年に監督した、長崎への原爆投下を描いた『この子を残して』(83年)は、そんな思いがつのった集大成といってもいい。また彼が一九六四年にシナリオを書き上げ、終生、その完成を願った「戦場の固き約束」はまぎれもない反戦映画であった。

木下は、調べてみると結構そうした怒りや怨みを持続させる性格だったように思える。対象にいろいろ違いはあるが、驚くほどの執着心によって、一度思ったら、そこに徹底してこだわりを持ち続けるといった性格だった。実はそのことが木下映画の真骨頂ではないかとさえ思えてくる。

以下は私が三國連太郎本人から直接聞いた話である。彼は、木下の『善魔』（51年）でデビューするが、その役名が三國連太郎だった。役名を芸名にしたのは、原節子、安井昌二と同じ例である。私は三國にこう聞いた。

「『善魔』でデビューされてから、木下さんとずっと組まれてますね。でも、ある時期から全くコンビを組まなくなった。これには何か理由があったのでしょうか？」

すると、三國は苦笑しながら、こう答えた。

「僕が素敵なスイス製の腕時計をしてたんですよ。木下さんはことのほかそれが気に入ったようで、『連ちゃん、それ、私にちょうだい』と言われたんです。私は『嫌ですよ』と無下に断りました。それ以来オファーが来なくなったんです（笑）」

木下の妙にねちっこい性格が、垣間見れるようなエピソードではないか！

第2回　デコの渡世日記

五歳で子役デビュー『母』

前回は木下惠介の話をしたが、今回は高峰秀子が木下に会うまでの話をしたいと思う。彼女はデコ、デコと呼ばれていたが、ここでは秀子と呼んでおこう。

「わたしの渡世日記」という本がある。この本は秀子が書いた自伝だが、これは並みいるスターの伝記のなかでも、傑出した本だと思われる。伝記を出版する場合、スターは自分で話して、それを別の人がまとめるといったことが普通である。いわゆる聞き書きだ。しかしこの本は、秀子自身の手で書かれたもので、文章が実に切れがいい。彼女は性格的にもドライな人で、情緒を切り捨てるサバサバした人である。一方、その情緒を人一倍分かる人でもあった。

彼女は五歳から子役になって学校になかなか行けなかった。そのコンプレックスがあって、本をものすごく読む人になっていく。彼女の知性は、その読書によるものだったとも言える。もちろん元来が賢く、頭のいい人だっただけに、文章もすこぶる上手くなったのである。

木下惠介のことは、「あっさりとケロケロと撮り上げてしまう」と書いている。普通だったら、「難なく撮り上げてしまう」と書くところだが、このへんの文章のセンスが、上手いところだ。

それに、女優さんは、ふつうなら自分の都合の悪いことは隠そうとしがちだ。ところが、秀子はこの本で自分を洗いざらいにさらけ出そうとしている。まるで自分の半生を検証しようと思って書いたかのように……。この本は、高峰秀子のあからさまな姿が現出しているという意味でも貴重である。

本名・平山秀子、通称デコちゃんは、一九二四年（大正一三年）、函館に生まれている。彼女は生まれた時から、興行者や芸人という特殊な種族に囲まれて生きてきた。父は地元の興行主の息子だった。四歳の時に、母が結核で死亡したので、秀子は父の妹の志げに養子にもらわれる。志げも、そのつれあいも、もとは活動弁士だった。一家は東京に移住する。一九二九年、谷中に借家をしていた時、近所に住む松竹蒲田撮影所に勤務していた人間の紹介で、養父は五歳の秀子を背負って、撮影所の見学に出かけた。たまたまその日が、映画『母』(29年)の子役をオーディションしていた時で、秀子が監督の目に止まった。

彼女を見出したその監督とは、野村芳亭である。田中絹代を見出したのも彼だが、後に『張込み』(58年)や『砂の器』(74年)を監督する野村芳太郎の父と言った方が分かりやすいかもしれない。

秀子は『母』に出演し、映画デビューを飾った。映画は大ヒット。その時、芸名を考えねばならなかった。養母が活弁をやっていた時に使っていたのが「高峰秀子」。養母はその芸名をそのまま娘に与えたのである。

この頃、野村芳太郎は、一〇歳の少年だった。撮影所は彼の遊び場だった。

高峰　そうそう、野村さん、別の話だけどあたし小さい時はあなたを何と呼んでた?　「お兄ちゃん」といった……?

野村　さあ。（略）

高峰　あたし五つくらいの時によく野村さんとよく遊んでいただいたんですって（笑）。（略）五つくらいの時からあと今度（『張込み』の仕事で）再会っていうわけなの。あたし野村さんを見て誰かに似てる似てると思ってたけどやっと思い出した。

野村　何を？

高峰　野村さんの小さい時にそっくり（爆笑）。

（一九五七年九月二二日佐賀新聞）

子供時代のトラウマ

高峰秀子は、『母』で映画界にデビューした後、さまざまな役で子役として出演する。大きな転機になったのは、一〇歳の時、東海林太郎の実演に参加した時だった。

〽泣くなよしよし、ねんねしな

山の鴉が　啼いたとて……

東海林太郎は、一九三四年に発売したこの「赤城の子守唄」のレコードで大ブレークする。それを記念して日比谷公会堂でイベントが行われた。

秀子は、直立不動で歌う東海林太郎扮する国定忠治の背に負ぶさった勘太郎の役だった。彼女は、東海林がさぞや重くて歌いにくいだろうと思って、胸を締め付けていた紐を、前に引っ張ってやった。このことに感動した東海林太郎は、この可愛らしい秀子を「ぜひ養子に」と願った。

さすがに養母・志げは断った。先方は「それならピアノと歌を仕込みたいから」と言ってきた。ついにその申し出を受け入れ、ほとんど家に寄り付かない養父を見捨てて、西品川の東海林家の自宅へ、母子共々移り住むことになる。

東海林家には、先妻との間にできた二人の子供がいた。秀子と同じほどの年齢だったので、すぐに仲良くなれた。後妻も実子がいなかったために、秀子を宝塚歌劇団に連れて行ったりして、可愛がってくれた。

ところが養母の方は、東海林家に食べさせてもらうお礼として、家政婦代わりに働くようになったのだ。つまり同じ屋根の下で、母子が暮らしていても、一方はお嬢様、一方は家政婦というような不自然な家族構成となってしまったわけである。

また東海林家に入る時の条件だったピアノのレッスンを、東海林太郎はしてくれなかった。してくれたのは後妻からのみ。しかしそれも、ほんの二、三回で、発声練習はたったの一度きりだった。

それに反して、東海林太郎の秀子に対する溺愛ぶりは、時間がたつに連れて異常に高まり、彼女を常にそばに置こうとした。東海林は、バンドマン、マネージャー、司会者などを含めた総勢三〇人ほどの演奏旅行に、一〇日間ほどの予定で出かけることがしばしばだった。ついには、そのツアーに秀子まで連れ出した。もちろん秀子は、小学校にも行けない。撮影所にも通えない。

「旅行中は、お母さんというライバルもいないから、お父さんはすっかり私を独占し、それこそ起きるから寝るまで、片時も私を離さなかった」

と、秀子は「私の渡世日記」に書いている。

そんな不自然な状況のなかで、ある日、秀子の精神は爆発する。自伝ではこう記してある。

あれは……たしか東海林家に入って一年半ばかり過ぎた暮れのことだった。母が珍しく私を女中部屋に呼び込み、「お母さんが、私のお正月用にと買って下さったんだよ」と、心底うれしそうな顔で、私の眼の前にサラリと反物を広げた。忘れもしない。黒地に細いたて縞で、縞の間に小さな赤い絣がとんでいる模様だった。その時の私は、子供心にもあっちに気兼ね、こっちに気兼ねで、自分自身は何処に身を置いたらいいのかわからないような、不安で、異常にたかぶった精神状態だったのかもしれない。やにわにその反物をひっつかむと、そのままお母さんの部屋へとびこんで叫んだ。

「こんな赤い色キライ！　こんな着物かあさんに似合わない！」

この事件をきっかけに、母娘は東海林家から出て行く。当時、秀子は一一歳だった。自伝のなかで、彼女が激昂した直接の理由については何も書かれていない。読んでいけば、サラリと素通りしかねないところだが、彼女の身辺に、何か事件があったはずだと考える方が自然である。高峰秀子を語る上で、私はこの部分が隠されたポイントだと思える。

それが何かは、私は当時東海林家に出入りしていた人から人伝えだが、それとなく聞いている。しかしその話は、秀子が「わたしの渡世日記」に書かなかったように、私もここでは発言しないでおこう。ただ、彼女はこの事件以後、清純な少女ではなく、大人と対立し、世間を渡り歩く――まさに渡世人というような、強かな〝女〟に変貌していく。

高峰秀子は、一見ユーモアがあって、ざっくばらんなベランメイ気質に見える。しかし、じっと耐えている『浮雲』や『張込み』や『永遠の人』(61年)の薄幸のヒロインたちをスクリーンで見るたびに、それらが彼女の地ではないかと思えて仕方がないのだ。

どこか冷めていて、女優で食っているのに、どこかその女優という職業を軽蔑し、クールに見つめているような気がしてならない。同時に、私には彼女の深淵には、凄まじい孤独地獄が漂っているようにも思われる。それは、品川における子供時代の修羅場の体験に起因し、それがトラウマになっていたのではないかと思えるからだ。

黒澤明との恋の行方『馬』

高峰秀子が東海林家を出た翌一九三六年、松竹の撮影所は蒲田から大船へと移る。

秀子は五所平之助監督の『新道』（36年）では、大幹部女優の田中絹代の妹役を演じた。新築まもない鎌倉山の〝絹代御殿〟に泊り込んで、撮影所通いをしたという。

翌三七年には、藤本真澄から引き抜かれ、東宝の前身であるP・C・L・映画製作所に入社する。月給一〇〇円と、成城に住宅を提供するという条件だった。養母の志げは、その住宅を下宿にでもしようとする腹だったらしい。

同年九月、P・C・Lは東宝映画となった。秀子は山本嘉次郎監督の『綴方教室』（38年）と、三年がかりの『馬』（41年）に主演した。この時のチーフ助監督を務めたのが黒澤明である。ここで新聞沙汰になるほどの、大きな展開があった。『馬』の撮影時、二人の仲は、結婚したいと思うほどの大恋愛にまで発展したのだ。

私は、その時にサード助監督に付いた堀川弘通監督から、こんな証言を直接聞いている。

「デコの方がクロさん（黒澤）に惚れてたね。ハッちゃんっていう度の強いメガネをかけていた付き人がいてね。彼女がよく旅館の演出部の我々の部屋に来てたんだ。後から考えたら、彼女がデコとクロさんを結ぶメッセンジャーだったんだな」

黒澤と秀子は盛岡ロケの時、映画を一緒に見に行ったそうだ。映画は、ベルリン・

オリンピックを記録したレニー・リーフェンシュタール監督の『美の祭典』(38年)――『民族の祭典』(同年)の続編に当たる――「前畑がんばれ、前畑がんばれ!」のシーンは、日本版だけに付け加えられたサービス・カットだった。その時、黒澤は大興奮して、ものも言えない状態だったので、会話にならなかった。二人だけのデートには、あまり適した作品ではなかったかもしれない。

東京に戻ってから、撮影所で黒澤は、

「デコ、成城に仕事場を借りたよ。遊びにおいでよ」

と声をかけてくれた。ところが、そこに秀子の養母・志げが割り込んで来る。

仕事がオフの日だった。養母は仲間を呼んで、麻雀にふけっている。秀子は読もうとしていた本をぽんと放り出し、外へ飛び出し、ひたすら黒澤の下宿を目指して走った。黒澤は和服姿だった。ニコッと笑って、迎えてくれた。

「遊びきたよ」

「よく来たね」

そう言ってから、黒澤の手が秀子の肩にふれた。

と……またしても、見てきたようなことを言っているが、これは「わたしの渡世日記」に書いてあることを、そのまま話しているにすぎない。

その瞬間、扉がバアーンと開けられた。外には追いかけて来た志げが立っていた。次の瞬間、興奮のあまり、彼女はゲタゲタと笑い出し、その場に卒倒したのである。その後、秀子は養母から一週間の監禁に近い束縛を受けたそうだ。

二人の関係はスキャンダルな事件として新聞に素っ破抜かれた。そこで志げと、黒澤の師匠であるヤマカジさん——即ち山本嘉次郎監督と、東宝専務の森岩雄の三者協議が行われた。志げからすれば、助監督風情にウチの娘を取られてなるものかと思っていただろう。当時は、黒澤明よりも、高峰秀子の方が遥かに有名だったのだから……。なにしろ養母は秀子のことを、金の卵を産む鶏と認識していた。ヤマカジさんからすれば、自分の可愛い助監督の進路に傷がつく。東宝からすれば、会社のスキャンダルにしかならない、とふんだのだろう。

結局この結婚話はつぶれてしまう。というより周囲からつぶされてしまう。その後、撮影所で二人が再会した時も、黒澤は秀子をきっと見据えただけで、何も語らずに去ったという。秀子はこの時に、それならそれでいい、と黒澤のことを潔く諦めたようだ。

高峰秀子は自伝のなかで、この恋愛の経緯は、結構素直に積極的に告白している。一方、黒澤は秀子との恋愛については、生涯において一言も……本当にただの一言も発言しなかった。

ただし、黒澤の作品には、ときおり高峰秀子を思わせる部分が出てくる。例えば、『乱』（85年）で夜叉のような顔をした原田美枝子は、高峰秀子に似ているとは思わないだろうか？　そこには裏切られ、プライドを傷つけられた侍・黒澤の、秀子に対する複雑な憎悪が反映しているのかもしれない。

木下惠介との邂逅『破れ太鼓』

さて、戦後の話である。

東宝では労働組合が強くなり、東宝大争議が勃発する。秀子は、東宝争議に反対して、大スターで結成した「十人の旗の会」の一人として参加し、東宝従業員組合を脱退した。一九四七年、彼らは東宝の近く、現在の国際放映がある場所に、新会社を作った。これが新東宝である。

おおざっぱに言えば東宝に残留したのは後から東宝に入ってきた組合系の映画人たち、新東宝は戦前から東宝に居た古巣の映画人たち、と区分けしておけばいいだろう。市川崑監督や、阿部豊監督は、新東宝に加盟した。黒澤はこの機に東宝を出て、「映画はどこの会社でも作れる」と主張して、新東宝で『野良犬』（49年）、大映で『羅生門』（50年）、松竹で『白痴』（51年）といった作品を作って、渡り歩く。

新東宝は最初のうちは、文芸ものや野心作を製作していたが、製作費が少なく、しだいに作り方が粗雑になっていく。そこで、創業一周年もせぬうちに、山田五十鈴、原節子、入江たか子などの脱落組が続出し、新東宝を去っていった。

そんななかで秀子は、新東宝の中軸となってしまった。『銀座カンカン娘』（49年）、『細雪』（50年）などの話題作に出演するが、小津安二郎が新東宝に出向いて監督した『宗方姉妹』（同年）を最後として、フリーに転向した。そのきっかけとなった作品に、木下惠介が絡んでくる。

作品のタイトルは『破れ太鼓』（49年）。阪妻こと阪東妻三郎が主演した現代劇だ。

当時はＧＨＱの占領時代で、時代劇を作ることが禁止されていた。片岡千恵蔵などは多羅尾伴内や金田一耕助シリーズなどの現代劇に主演してお茶を濁していた。阪妻も当時話題作を続出していた俊英・木下惠介の喜劇に主演することになった。しかし秀子の役どころは、主役というより、完全な脇役だった。

この仕事を斡旋したのが、新東宝のプロデューサー兼監督の青柳信雄である。ところが、このことは、秀子の全くあずかり知らぬ所だった。つまり青柳は、秀子に無断で出演契約を結び、出演料の三〇〇万円を先に受け取っていたのだ。このことを知って、秀子は新東宝が嫌になったのである。ちなみに、この青柳信雄の息子・青柳哲郎が、黒澤明が20世紀フォックス社（現・20世紀スタジオ）から解任された、いわゆる『トラ・トラ・トラ！』（70年）事件に関与したプロデューサーだったことを付け加えておこう。この事件については、第四部の黒澤明篇で詳しく述べよう。

秀子はその事実を知って、監督の木下惠介に直接会って、自分の口から断ろうと思った。このへんが、きっぷのいい高峰秀子らしいところだ。

彼女は木下に直接電話して、銀座の「花馬車」というレストランで会うことになった。もちろん、それが初対面である。秀子は監督に事情を話した。その時、嫌味の一つも言われるか、あるいは、それでも「出なさい」と説得されるかと思っていたら、木下は予想外の言葉を吐いたのだ。

「そんなケチのついた仕事なんかやめちゃいなさい。第一気持ち悪いじゃありませんか」

「気持ち悪い」という言い方は、いかにも感覚派の木下らしい言葉だ。そして彼はこう付け加えた。

「この次はあなたのために僕が脚本《ほん》を書きます」それが気に入ったら出てください」

半年後、木下から秀子のもとに本当に電話があった。

「あなたの脚本、できました。届けますから読んでみてください」

秀子は届けられたシナリオを手に取った。表紙には、

『カルメン故郷に帰る』

と書いてあった。

キャラクターの逆を行く演出『お嬢さん乾杯！』

『カルメン故郷に帰る』（51年）という喜劇は変わった映画だ。まず主役のキャラクターとして、従来の賢明でじっと耐え忍ぶという高峰秀子のイメージからかけ離れてい

る。主人公は幼い頃、牛に蹴っ飛ばされて、頭が少し弱くなったヒロインという変わった設定だ。

舞台は軽井沢から北に行った浅間山の麓。かつてはここに軽便鉄道が走っていたが、こののどかなおもちゃのような列車が、映画の冒頭に登場する。秀子扮するカルメンが、故郷に帰ってきたのだ。彼女は家出して東京に行き、ストリッパーになっていた。ストリップを芸術だと信じて疑わない彼女は、故郷の人々に自分の芸術を披露しようと試みる。それにあわてる地元の人たち。まことにのどかな田園喜劇だ。

こんなひねったアイディアを、木下惠介はどうして考えついたのだろう？　元来木下は天邪鬼的な所があって、人がやらないことをやってみよう、その人が持っているキャラクターの逆をやらせようという習性があった。

たとえば『お嬢さん乾杯！』（49年）の原節子である。もと華族の家柄の彼女が、無教養な佐野周二と恋する話だ。原の屋敷の前で、ロマンティックなキスをするかなと思わせておいて、手にチュッとキスした彼女は、屋敷に走り込もうとすると、突然バターンと倒れてしまう。ずっこけ演出である。

またラストで、原は彼を追いかけていく時、バーのドアを開けて、「わたくし、惚れております」と大胆な台詞を決める。ところが撮影の時、カメラが回っているのに、彼女はなかなかドアを開けない。「一体どうしたの？」と木下が聞いたら、「私、この台詞がどうしても言えないんです」とのたまったそうだ。

これは、つんとすました上品な原節子のイメージを、あえて否定した演出なのだ。木下は、こうした、その人がもっているキャラクターの逆を行くテクニックをよく使う。従来の高峰秀子が持っている孤独なイメージをあえて否定し、その逆の、アッケラカンとした軽妙な役をやらせたわけだ。

故郷に帰ったカルメンは投げキッスをよく行う。これは、田中絹代の時に話したが、「ハロー、ハロー」と投げキッスをして、バッシングを受けた「投げキッス事件」を、木下が参考にしたのではないかと思われる。

日本映画カラー第一作『カルメン故郷に帰る』

しかし何と言っても、『カルメン故郷に帰る』で重要なことは、日本映画で初めて作られた国産のフィルムを使ったオールカラー第一作であることだ。

当然のことながら富士フイルムの感度の問題を始めとして、照明やメークの問題などを解決しなければいけないので、撮影は手間と時間を要した。面白いのは、松竹はもし失敗した時のことを考えて、同時並行的に白黒版も撮っていたことである。これはどういうことかと言うと、カラーカメラで撮影した直後に、役者に全く同じ演技をしてもらって、それをもう一回、白黒カメラで撮ったそうだ。いわゆる二度手間である。

またこの映画で気づくことは、カットがやたらと長い。いわゆる長回しである。撮影の時に何に一番手間取るかと言えば、それは照明だ。カットが多ければ、そのたびにライトを仕込まなければならない。ましてやカラー第一作のこの映画は、ライトを何台も当てて、光量を多くしなければならなかったはずだ。それ故にカット数を節約するために、カットの長さを長くしたと思われる。

しかし、それだけの努力と時間をかけた『カルメン故郷に帰る』は、スタッフの苦労が充分に報われた。浅間山をバックにした青空、草原の緑、一枚一枚ショールを脱いで、徐々に見えてくるカルメンの肌の色——それらが素晴らしい効果となって、カラー第一作の成果を見事に果たした。

秀子は大ヒットしたこの映画を受けて、その続編『カルメン純情す』（52年）に主演する。これは白黒映画だったが、一九五二年当時、鳴り物入りで発足した警察予備隊などを批判する、文明風刺喜劇になっていた。

秀子は、松竹では、『女の園』（54年）『二十四の瞳』（同年）といった絶頂期の木下作品に主演する。その後も、『遠い雲』（55年）『喜びも悲しみも幾歳月』（57年）『風前の灯』（同年）『笛吹川』（60年）『永遠の人』（61年）『二人で歩いた幾春秋』（62年）『スリランカの愛と別れ』（76年）、そして最後の作品となった『衝動殺人　息子よ』（79年）まで数えれば、木下とのコンビは実に計一二作に達する。

同時に並行して、大映で『稲妻』（52年）、東宝で『浮雲』といった成瀬巳喜男監督の秀作に続々と出演する。つまり彼女は、木下と成瀬の間を交互に行き来して、日本映画の名作を一手に背負って立っていたのである。

第3回　木下惠介と黒澤明の比較論

木下惠介はモーツァルト

高峰秀子に、伴侶となるべき夫を紹介したのは木下惠介である。『二十四の瞳』の頃、秀子は二九歳だった。彼女は、自分の適齢期は三〇歳だと思っていた。そこで木下に相談したら、自分が可愛がっている助監督二人を紹介してくれた。木下は美男子好み——今風に言えばイケメン趣味で、候補者二人もそれに洩れず、美男子だった。一人は川頭義郎。彼はお金持ちだった。もう一人は松山善三。彼は貧乏だった。それならばと、秀子が選んだのは、松山善三の方だった。お金なら初めからない方がいい。子供の時からお金の醜い部分を見せられてきた秀子らしい判断だった。

媒酌人は木下。しかし彼は生涯独身だった。そこで、川口松太郎、三益愛子夫妻に応援してもらって、一九五五年三月二六日に、秀子は結婚した。

松山善三はその後、木下から鍛えられたシナリオの腕と映画の演出術を駆使して、映画を創り続ける。もちろん主演は妻の高峰秀子。『名もなく貧しく美しく』（61年）は、そのなかでも珠玉の名作として結晶した。

松山も受け継いだという木下恵介のユニーク映画術を解説してみよう。

木下はまぎれもない天才である。それが如実に分かるのは、シナリオの書き方だ。木下の場合は口述筆記で行われた。木下が喋る台詞とストーリーを、助監督が細かく記録していくのだ。始めたのは、『破れ太鼓』の頃からだったという。松山善三、小林正樹、山田太一たちは、みんなこれをやらされた。

私も口述筆記をやったことがあるが、とても難しい作業だ。集中力が要るし、確固とした絵コンテが思い浮かばないと、とてもできる相談ではない。

そのおかげで、木下のシナリオには、日本映画には珍しい、快適な運びのテンポとリズムが創出される。音楽的といってもいいだろう。黒澤はシナリオを複数で書くが、主導権は音楽好きな黒澤が握っているだけに、映画にリズミカルな流れがある点では、木下と共通している。ただし黒澤のシナリオの書き方は〝箱書き〟――即ち構成を初めからきちんと決めて書き出すことは一切せず、最初から順を追って書いていく。つまり煉瓦を積み上げていくように、緻密に論理的に構築していくのだ。それはいわば努力の賜物で、音楽で言えばベートーヴェンだ。

それに対して木下は、瞬間、瞬間のひらめきをつなげていくような、感覚的、直感的な書き方をする人である。いわば天才モーツァルトだ。黒澤明はベートーヴェン、木下惠介はモーツァルトというのが、私の持論である。

演出的にも、彼の感覚的なひらめきは、随所に現れる。例えば、『お嬢さん乾杯!』では、コップのビールの泡がスーッと消えていくカットをサッと挿入して、主人公の心情を表現している。『二十四の瞳』の撮影で、子供たちが休憩中に土手にすわって、足をぶらぶらさせていた。木下は、「彼らに気が付かれずに、あの足を撮っておいてくれ」とカメラマンに命じたという。その映像が映画に挿入されるや、効果的なカットに早変わりする。こうした演出が実に感覚的なのである。

その他にも、『カルメン純情す』は、社会を斜めに見る映画だからという発想によって、全カットを、カメラを傾けた斜めアングルで貫いた。

『野菊の如き君なりき』(55年)では、当時流行っていた横長の「シネマスコープ」に対抗して、丸い卵型の枠から見たような「卵スコープ」なるものを、回想シーンに採用した。昔の写真館で撮った写真には、周りが白くなった卵型の枠があったが、あの懐かしい感じを観客に与えたかったのだ。私は現像時に卵型の枠を焼き付けたと思っていたが、撮影時にワンカットワンカット、カメラの前に卵型のフレームを装着させて撮影したという。

『笛吹川』は、白黒カメラで撮影し、後からわざわざ着色して、不気味な絵巻物のような感じを表現した。

『お嬢さん乾杯!』では、モダンで軽快な感じを与えるために、全種類違うワイプを活用している。丸ワイプ、角ワイプ、斜めワイプ……ワイプとは、次のシーンに移る時に、車のワイパーのように、サッとぬぐうようにして次のシーンに移る映画技法のことである。数えてみたら、何と二九か所もあった。

こうした、いろいろなひらめきによる映画テクニックを駆使する所が、木下恵介が感覚的で、天才的であるという所以である。

叙情と非情のテクニック『二十四の瞳』『日本の悲劇』

木下の作品で、最も有名なのは、『二十四の瞳』だろう。小豆島に住む一二人の子供たちと、秀子扮する大石先生との心の交流を描く。文部大臣も泣いたと言われるほどに、多くの観客から親しまれる名作となった。

〽俺ら岬の　灯台守は
　妻と二人で　沖行く船の

と歌われる『喜びも悲しみも幾歳月』は、佐田啓二と高峰秀子が演じた夫婦の一代記だ。これも、私などは学校から連れて行かれた。それほど人気の高い作品である。

そのために木下は、リリシズム溢れる叙情派の監督だと思われがちだ。ところが、とんでもない。それとは全く反対の資質をもっているのが、木下惠介なのだ。黒澤明は、木下を評して、こう言っている。

「僕の方がセンチメンタリストで、彼の方がよっぽどリアリストだよ。僕のようなセンチな奴がセンチな映画を創ったら、メロメロになってしまう。クールな木下くんが撮るから、ちょうどよくなるんだ」

黒澤は、外面とは違って、実際は涙もろい人だ。一方、木下はクールな目をもっていて、感情に溺れず、一歩引いて、対象を客観的に見れるからこそ、感傷的な作品も生きるわけだ。

木下惠介の本質は、よくいえば合理的、悪く言えば計算高いといった視点をもっている。それは〝叙情〟ともいえる作品の対極に位置する〝非情〟ともいえる作品のなかで顕著に現れる。実はこの非情なる作品こそが、他の追随を寄せ付けない木下の凄味なのである。

それが最もよく表れた代表作が『日本の悲劇』(54年)だ。木下は、日本の悲劇とは、母と子のもたれあいだと断定している。望月優子演じる母親は、息子や娘に裏切られ、最後は列車に身を投げて自殺する。私はこの映画を最初に見た時、あまりの衝撃で、席を立てなかった。娘役を演じたのが桂木洋子。悪役とは言わないが、母親を裏切るキャラクターは、清純な彼女のイメージの逆をいった、いつもの木下流演出である。

『女の園』(54年)は、京都の名門女学校で起こった紛争を描いている。いわば後の学園紛争のハシリと言ってもいいだろう。当時、京大法学部に所属し、学生連合の委員長をしていた大島渚は、この作品を見て、「映画を志してもいいな」と思ったそうだ。

ネチネチと学校側の言い分を押し付ける寮の舎監に高峰三枝子。これも純情な彼女の逆のキャラクターをあえてやらせている。それに対抗する岸恵子や久我美子の女学生たちのなかで、もみくちゃにされ、グチャグチャにされ、神経衰弱になって自殺す

映画『スリランカの愛と別れ』製作発表会見
1976年1月16日。後列左から木下恵介、北大路欣也。前列左から高峰秀子、栗原小巻、津島恵子
（写真提供・共同通信社）

るのが、高峰秀子の役どころだった。

『楢山節考』（58年）は、姨捨《うばすて》伝説の映画化だ。後に今村昌平監督によってリメークされるが、そちらはリアリズムで描かれた。木下版は、歌舞伎や人形浄瑠璃の手法を取り入れ、残酷な物語を日本的な様式美のなかに描こうとした意欲作だった。

『笛吹川』は、武田家の盛衰と共に、戦争にいたぶられた親子三代にわたる生きざまを描いていく。木下＝秀子コンビお得意の一代記だが、八五歳の白髪の老婆を演じた秀子のメークが話題になった。

複雑な女の心理『女』

木下には、そのものズバリ、『女』（48年）というタイトルをもった作品も存在する。登場人物は小沢栄太郎と水戸光子の二人だけ。すべてオールロケという実験作のような映画だ。

木下惠介は、とにかく女を描くのがうまい。黒澤明はうまくない。たとえ『わが青春に悔なし』（46年）で原節子を主人公にしても、結局男性的で自我の強い女性になってしまう。『羅生門』（50年）の京マチ子も、男性的といっていいほどの激しい気性を秘めていた。

木下が黒澤明を評した言葉がある。この言葉が二人の特徴を見事に表している。

女って面白いよね。自分でも意識してないで、非常に複雑なものを持ってるでしょう。男だったら腹の中なんてたかが知れてる。黒澤くんの男って、みんな単純でしょう。バカじゃないかと思うくらい単純なんだもの（笑）。

（別冊文藝春秋90年春号「松竹大船の黄金時代」）

黒澤映画の特徴は、テーマ、キャラクター、音楽、ピント……何から何まで輪郭がはっきりしているので、分かりやすいことである。ところが木下が興味あるのは女性である。思っていることとやっていることが一致しないことに、身に覚えのある女性も多いのではないか。論理や額面通りにいかないグチャグチャ、ダラダラ、モヤモヤとした気分、木下は実は、そんな怨みつらみや、甘えや、もたれという気質を面白がったのである。

山田太一が、木下と黒澤を比較した言葉がある。

「二人が違うのは愚痴の言い方だ」

これは言いえて妙だと思う。つまり、黒澤は、愚痴を言わない侍の美学を描くのだ。なにしろ秋田の侍の出なのだから……。それに対し木下は浜松の漬物屋――町人である。町人や庶民が愚痴を言うのは当たり前だと考えて、その愚痴を良しとしたのである。

ただし一言付け加えておくが、木下が「バッカじゃなかろうか」と評した単純さ、シンプルさがあったが故に、黒澤明は国際的に受け入れられたのだ。それに対し、日本ではあれほど評価が高かったのに、木下作品はたとえ海外で公開されても、国際的な評価を得ることができなかった。それは日本的ともいえる、こうしたモヤモヤとした情感が、外国人には分かりにくかったからではないだろうか?

木下作品には、男の描き方にも特徴がある。木下映画の女にはイキイキとして未来がある。それに対して、木下映画の男には未来がない。何もそこまでしなくてもと思えるほどに、身体的なハンディが与えられる。

例えば、『永遠の人』の仲代達矢は足を引きずっている。『二十四の瞳』の田村高廣は、戦争に行って、目が見えなくなってしまう。後期の作品である『死闘の伝説』（63年）の菅原文太は、腕が利かなくなっている。

このように木下作品では、男に身体的なハンディを持たせることによって、女をイキイキと輝かせるという特徴を持っている。この点がまた、男を堂々とカッコよく見せる黒澤作品とは、対照的だといっていい。

木下は女優たちから人気が高かったらしい。自分をきれいに撮ってくれるから？……いや、それもあるかもしれないが、女優たちは、もともと木下を恋愛の対象とは見ていなかったのではなかろうか。木下は一生独身で、いわゆるオネエ言葉を使っていたことは多くの人が証言している。女性から見れば、自分たちと同じ資質をもった監督だったからこそ、仲間意識や同族意識を持てたと思われる。

明暗を分けた映画の作り方

木下惠介と黒澤明の分岐点は、一九六〇年代の後半に訪れる。この時代、日本映画は斜陽になって、製作費をかけられなくなっていた。巨匠と呼ばれる監督たちは、映画を撮れない状況に追い込まれていった。

そこで彼らが目指したのが、テレビだった。その時、最もスムーズにテレビ界に移行できた巨匠監督が木下だった。

もともと松竹という会社は、撮影所長の城戸四郎が提唱した〝城戸イズム〟という不文律が存在した。「政治も暴力も性も描いていいが、それはすべてホームドラマの形式でなければならない」というのが、〝城戸イズム〟である。

そしてこれが松竹の〝大船調〟というトーンを形成していった。これがために、松竹で育った監督やライターたちは、ホームドラマを基盤とするテレビドラマの世界に、比較的簡単に移行できたのだ。橋田壽賀子、山田太一などの名シナリオ・ライターは、みんな松竹出身である。つまり木下も、テレビに移行できる下地が、もともとできていたということである。

木下は、一九六四年、『香華』を監督した後、松竹を退社し、木下恵介プロダクションを設立する。「木下恵介劇場」でテレビに関わり、その後も、一九六七年から七四年にかけて、TBSで「木下恵介アワー」をプロデュースし、お茶の間の人気を得た。木下は、これこれの低予算しかないと提示されれば、持ち前の器用さによって、その予算内できちんとドラマを作り上げることができる人だった。

ところが黒澤明は『七人の侍』（54年）である。あんな大作をテレビで撮れるわけがない。彼の場合は、撮影しながら予算も撮影期間もどんどんと膨らんでいくが故に、作品のレベルもスケールもパワーアップしていくという構造がある。しかし金の工面をしなければならないプロデューサーから言わせれば、堪ったものではない。藤本真澄のように、「もう二度と黒澤とはやらない！」というプロデューサーが出て来るのは無理もない。木下とは根本的に映画の作り方が違うのだ。

その黒澤が映画が撮れなかった不遇の時代、無理してテレビに向かおうとしたことが、苦悩の時代を迎える原因になったことは、次の黒澤明の回で詳しく述べよう。その資質の違いが、六〇年代の二人の明暗を分けた要因だったのである。

自作をアーカイブしていた合理性

そうした木下の合理的な資質を別の面から見てみれば、フィルムの保管という点からも浮かび上がってくる。

木下作品は、現在ほとんどすべての作品がビデオやDVDで見ることができる。これは木下が、作品を完成させるたびに、松竹に16ミリで自作を納入させていたから可能だったようだ。今風に言えばアーカイブ。彼は資料的な意味で、自作をアーカイブしていたのだろうか。あるいは後々の世に、ビデオやDVDの時代が来ることを予知していたとすれば、大変現実的な——ある意味では計算高いという言い方も、あながち間違いではないだろう。

一方黒澤は、松竹で『白痴』（51年）を撮った時、オリジナルは四時間二五分という大長編になってしまった。会社は「長過ぎる！」と言って縮小を要求し、三時間二分にまで黒澤自身が切った。しかし松竹は、それでも「長い！」と、更に切ることを要求した。「これ以上切りたければ、フィルムを縦に切れ！」と黒澤が吐いた有名な台詞は、この時に発したものである。結局、現在我々が見れるのは、当時、この映画の助監督だった野村芳太郎たちが切った二時間四六分の短縮版である。こんな時、オリジナルを自分で保存して、後にディレクター版を公開しようなどという発想は、黒澤にあろうはずがない。

俳優の奥田瑛二が話してくれたことだが、奥田のかつて住んでいた狸穴《まみあな》のマンションには、木下監督も住んでいたそうだ。木下は最上階の同じフロアのルームを三部屋も借りていた。

ある時、奥田は酔っ払って帰ってきて、フロアを間違え、木下の部屋に入ってしまった。そこには高級な絵画や壺などがずらりと並んでいたという。

「木下監督は、その辺、資産を貯めることがうまいんですよ」

と、奥田は言った。フィルムや骨董品など、木下は物に対しての執着度やコレクター気質が強かったことが、この話からも推察できる。

それに対して黒澤は、物に対しての執着はまるでなかった。海外の映画祭からもらったトロフィーは、窓のカーテン押さえになっていたほどである。

念願の映画「戦場の固き約束」

ある時、木下のもとに弟子の松山善三から電話がかかってきた。

「キネマ東京で、『父』と『母』のテーマで作文を募集し、それを原作にして、映画を作ろうと言う話があるのですが、一緒にやりませんか？」

「キネマ東京」とは、主に教育的な題材を手掛ける映画製作プロダクションである。松山は、そこで『典子は、今』(81年)という作品を監督していた。サリドマイド病患者で、熊本市役所に勤める実在の女性を主人公にしたセミ・ドキュメンタリーの作品だ。高峰秀子は、彼女の演技指導をするために、世話係、もしくは助監督として参加している。

木下は親孝行に関しては関心があったので、この話にはすぐに乗った。父母のうち、「父」を選んだ。脳天気な父を演じる板東英二、甲斐性のある母を演じる太地喜和子、二人の間にできた野々村真扮する息子との間に醸し出すおかしな親子の物語である。映画『父』は一九八八年四月に公開された。併映作品は、松山善三監督による『母』。まさに師匠と弟子の競作となった。

しかしこの時、木下はこの作品が遺作になろうとは、思ってもみなかっただろう。この当時、中国を行き来して、念願の「戦場の固き約束」の映画化に奔走していたからである。

時代は日中戦争の頃、舞台は中国戦線の話だ。明日結婚するはずだった花婿・黄昌英《ユー・チャンイン》と花嫁・李春玲《リー・チュンリン》の間に、中国兵を追う日本兵数名が、突然割り込んでくる。

花婿は日本兵に拉致されて、使役としてこき使われる。花嫁は身を隠しながら、その隊列の後を追いかけて行く。

そのなかには、中国人に同情的だった中西二等兵が居た。彼と花婿の間に友情が芽生え、「どこまでも一緒に行こう」との約束が交わされる。ところが中西は中国人に内通していると見なされ、兵長に銃剣で刺殺される。花婿と花嫁は、手厚く葬るために、流弾が飛びかうなか、中西の遺体を担架に乗せて運んでいく。

中国に打ち合わせに行った時、木下は中国側から、

「ラスト・シーンを書き直してほしい」

という依頼を受けた。「中国人が日本兵を手厚く葬ることなど絶対ありえないからだ」と言う。木下は即座に断った。

それに加えて、松竹が製作資金を出し渋った。これらの要因が重なって、木下念願の作品「戦場の固き約束」は製作中止となった。

黒澤明の「お別れの会」に参列した熊井啓監督と香川京子

高峰夫婦の流儀

木下を脳梗塞が襲ったのは、一九九七年一〇月のことである。聖路加病院に入院したが、寝たきりの状態が長く続いた。病院側から「回復の見込みがない。自宅で看護されたらどうか」と言われ、狸穴のマンションに戻ってきた。その寝たきりの状態が一年以上続いた。

そして、一九九八年一二月三〇日、木下惠介は天寿を全うした。享年八六。生涯にメガホンをとった映画は四九作品だった。

冒頭の話に戻るが、黒澤明の死去は、その三か月前の九月六日だった。「お別れの会」は一週間後の一三日に、横浜市緑区の黒澤フィルムスタジオで催された。私も喪服を着て、師匠の熊井啓監督と共に参加した。その時はあまりの混みようで、開始時刻がかなり遅れた。参列した人は約三万五〇〇〇人。日本の監督の葬儀では、最高の人数が集まった。

木下惠介の「お別れの会」は、年を越えた一月八日に、東京築地本願寺で行われた。参加者の数は六〇〇人ほどだった。

私は後で、熊井に、

「なんで、こんなに差が出たんでしょうね？」

と、聞いたことがある。すると、彼はこうつぶやいた。

「木下さんはテレビに簡単に移ったけど、黒澤さんはテレビに行かなかった。いわば、映画に操を立てたんだよ。それがこんな差になって現れたんじゃないのかな」

「映画に操を立てた」――いかにも熊井監督らしい言い方だった。

木下監督の「お別れの会」に行かなかったのは、高峰秀子、松山善三夫婦もそうだった。その時ハワイに行っており、媒酌人であり、恩人である監督の葬式にも出なかったのだ。これはマスコミにも叩かれた。

しかしそれは高峰夫婦の流儀の問題でもあった。子供もいなかった高峰夫婦は、欲もなく、人生を終えるにあたって整理整頓を始めていたそうだ。財産を寄付し、家も小さな場所に移り、質素な生活を営んでいたという。そうするに当たって人間関係も整理し、切るべき所は潔く切って、冠婚葬祭には出ないことに決めていたそうだ。

高峰秀子の人生を振り返ってみれば、実にサバサバとして、いわゆる男っぽい性格だった。逆にそれが木下恵介とうまくコンビを組めた秘訣だったのではなかったろうか。木下は女っぽい、秀子は男っぽいという意味で、自分が持ってないものがお互いを引き寄せたのである。

高峰秀子の死は、それから一二年後、二〇一〇年の一二月二八日にやって来た。肺ガンのため、東京の病院で静かに息を引き取った。享年は木下と同じ八六。

夫の松山善三は、六年後の二〇一六年八月二七日に、自宅で老衰のために死去。九一歳という長寿だった。

第四部

黒澤明と三船敏郎

黒澤明監督、三船敏郎出演作品

1948年『酔いどれ天使』
1949年『静かなる決闘』『野良犬』
1950年『醜聞《スキャンダル》』『羅生門』
1951年『白痴』
1954年『七人の侍』
1955年『生きものの記録』
1957年『蜘蛛巣城』『どん底』
1958年『隠し砦の三悪人』
1960年『悪い奴ほどよく眠る』
1961年『用心棒』
1962年『椿三十郎』
1963年『天国と地獄』
1965年『赤ひげ』

第1回　二人はいかにして出会ったか？

黒澤のバカヤロー！『蜘蛛巣城』

黒澤明と三船敏郎の二人は、日本の、いや世界でも例を見ないゴールデン・コンビと言われ、数々の名作を生み出してきた。

まず、二人の関係を象徴する二つのエピソードをご紹介しよう。一つ目は、三船プロダクションで、三船の参謀を務めた田中寿一から直接聞いた話である。彼は女優・鳥丸せつ子のもと夫で、三船を一番よく知っている人物だといえる。一九七九年に三船プロを去った後は、田中プロモーションを設立し、『駅STATION』(81年)や『居酒屋兆治』(83年)などをプロデュースしていた。

三船は、ミュンヘンに「ミフネ」という日本食レストランを構えていた（一時期、息子の三船史郎が経営に当たっていた）。だから何度もミュンヘンに行っていたそうだが、そのミュンヘンのホテルで、田中は三船と同室になったという。夜、寝ていたら、三船が突然、ガバッとベッドから起き上がった。ゼイゼイハアハアと荒い息をして、タラタラと冷や汗をかいている。

「社長、どうしたんです？」

と、田中は驚いて声をかけた。三船は、

「夢を見た、夢を見た」

と繰り返すのだ。「何の夢か？」と問いただすと、『蜘蛛巣城』（57年）のラスト・シーンの撮影だったそうだ。

『蜘蛛巣城』とは、シェークスピアの「マクベス」を戦国時代に移し替えた作品である。あのラスト・シーンは衝撃的だ。三船扮する武将・鷲津武時が、弓矢を射掛けられ、立ち往生するシーンだ。ビュンビュンと矢が飛んできて、最後には首がグサッと射抜かれる。若い人に見せれば、「どうせCGで処理したんでしょう？」と言うが、当時はCGなどあるはずがない。本当に三船に向かって、何十本の矢が飛んできたの

『用心棒』における黒澤明と三船敏郎

だ。あの恐怖の表情は掛け値なし、本物の恐怖の表情だったのである。
弓矢を放った人が名人だとは限らない。その中には大学の弓道部の若者も結構混じっていたそうだから、たまったものではない。やる方もやる方だが、やらせる方もやらせる方。今だったら、そんな危険な撮影は、俳優組合からの要請で、中止させられるに違いない。三船はそんな危険を承知で、必死の覚悟で撮影に臨んだのである。
しかしその時受けた恐怖感は、後々までトラウマになるほど残っていた。悪夢になって出て来るほど、三船の潜在意識の中に深く宿っていたのである。
三船は酒豪で、ウイスキーを空けるのは、一瓶、二瓶ではすまない。そんな時に、あの潜在意識がプッと顔を出す。「俺にあんなことをさせやがって」といった記憶がムラムラとよみがえって来る。相当に酔いが回った時、車で黒澤邸に押し寄せ、家の周囲をグルグル回って、

「黒澤のバカヤロー!」

と、叫んだこともあったらしい。

ただし……と田中は付け加える。

「社長は酔っ払った時、黒澤さんの悪口を言った人間を、殴り倒したこともありましたよ」

このように、三船の黒澤に対する感情はズバリ〝愛憎〟だったのである。

『羅生門』での鬱憤

エピソード二。もう一つのエピソードは、黒澤組の美術監督を長く務めた村木与四郎が教えてくれた話だ。私と村木とは大変親しい飲み仲間で、私の実家である旅館のレストラン部をデザインしてもらったほどの間柄だった(ちなみにその仕事が村木の最後

の仕事となった。レストランは二〇〇五年七月にオープン。村木は二〇〇九年一〇月二六日に逝去した）。それ故に、黒澤の撮影現場での身近な話も相当に教えてくれた。

ロケが終わって、旅館の大広間に夕食が並ぶ。それぞれの席の前には、各自の名前を書いた名札が置かれる。黒澤の正面、いわゆるお見合い席には、スタッフは必ず新人の名札を置いた。そして自分の名札は、黒澤が座っている側の一番端に置いた。

なぜそんなことをするかと言うと、黒澤は全員一緒に夕食をとらないと気に入らない。自分の話を聞いてくれないと機嫌が悪いのだ。

断っておくが、黒澤の話自体は本当に面白い。ただし繰り返しが多く、昔聞いた話が何度も出てくる。また始まったかと思って、場馴れしたスタッフは、逃げやすいような場所を確保しておくのである。こうして、黒澤の話が延々と続くと、端々から一人抜け、二人抜けといった現象が見られるのである。

ちなみにそんな時、聞き役が一番うまかったのは仲代達矢だったという。彼は何度聞いた話でも、初めて聞くような顔つきで驚き、笑い、黒澤の機嫌を良くしていたそうだ。まことに律儀で真面目な、仲代らしい話である。

さて今度は、『羅生門』（50年）の頃、奈良で行われたロケ地の旅館での話だ。当時は、三船が一番律義だったようで、皆がいなくなっても、彼だけは最後まで黒澤にずっと付き合っていた。午前二時になり、ようやく解放された三船は、ウイスキーをさげて、自分の部屋に帰ってきた。そして自分一人でグイグイ飲んだ後、おもむろに立ち上がり、ガバッと窓を開け、若草山に向かい、大声で叫んだ。

「黒澤のバカヤロー！」

相当な鬱憤が溜まっていたのだろう。ところが、翌日の撮影の時、カメラの前には、目をらんらんと輝かせ、今にも暴れ出しそうな、獰猛で野獣のような多襄丸が立っていた。実はそれは、翌日の撮影を見越し、三船の性格を知り抜いて行った黒澤の演出だったという説がある。

どちらにしても、まさにこうした黒澤＝三船の阿吽の呼吸によって、黒澤映画のヒーローは現出されていったのである。

カメラマンになりたい

黒澤、三船の意外な共通項がある。

父親がどちらも、秋田県出身なのだ。三船の父・徳造は、南の鳥海町（由利本荘市）の出身。黒澤の父・勇は、角館に近い中仙町（現・大仙市）の出身だ。

黒澤の実家に、私は行ったことがある。大きな庄屋だった。黒澤自身は、東京大井町の生まれだが、父の秋田の実家には、青春時代、六度も訪れており、黒澤にとって、そこは第二の故郷ともいえる場所だった。黒澤映画の随所に、この秋田の思い出が現れてくる。

例えば、『生きものの記録』（55年）で三船敏郎扮する老人が裁判所に訴えられた中立書が映る。彼が原水爆の恐怖から逃れるために、地下壕を造ろうとした場所が、「秋田県仙北郡」と読み上げられる。ここが秋田の実家の住所である。

あるいは『八月の狂詩曲《ラプソディー》』（91年）でリチャード・ギアが子供たちと遊ぶ滝は、黒澤がかつて訪れた角館に近い「抱返りの滝」のイメージだったらしい。また『夢』（90年）のラストで、子供たちが花を手向けるというエピソードがあった。あの話は、中仙町の実家のすぐ前、バス停のすぐ側で、戊辰戦争の時に死んだ武士がいて、そこにあった石の上に、村人たちが花を手向けたという実話に由来していることを、現地で聞いた。

三船敏郎も、鳥海山の麓にある父の実家を何度か訪れている。特に復員した直後の昭和二一年、米を求めてこの地を踏んだ。親戚の人たちは、この従兄弟のために、米一俵と蒲団一組を用立てた。三船は一四キロ離れた矢島駅まで米を担いで帰って行ったという。

身体が頑丈で、気分が豪快で、酒が強いという点では、二人には秋田という共通項があるのかもしれない。

三船は、生まれは中国の青島《チンタオ》で、父は大連で写真館を経営していた。そのため軍に召集された時、司令部偵察機の撮影班に所属していた。敵地を飛行機で飛んで、上空からパチリパチリと写真を撮っていた。

終戦の時は、熊本市南区の隈庄《くまのしょう》という特攻隊基地に居た。特攻に向かう若い兵隊たちを訓練する役目で、彼らにすき焼きを振る舞い、「お前たちは死ぬ時に、おかあさんと言っていいんだよ」と伝えたという。また部下の兵隊をかばうために、上官をぶん殴ったという話もある。喧嘩は相当強かったようだ。

当時、同じ軍隊に東宝砧撮影所に勤めていたカメラマン大山年治が居た。彼は、「もし終戦になって、カメラマンになりたかったら、撮影所に来い」

と言ってくれたという。

そこで一九四六年（昭和二一年）、彼を頼って、砧撮影所に足を向けた。ところが撮影部に空きがなかった。その時、未来の新スターをオーディションする「ニューフェイス」の第一回募集をしていた。そこで、

「とりあえず、ニューフェイスを受けといて、そこで受かったら、空きが出た時に、撮影部に乗り換えればいい」

ということになったのである。

見るからにヤクザ『銀嶺の果て』

黒澤は、二・二六事件が起こった一九三六年（昭和一一年）に、東宝の前身であるP・C・L撮影所に入社している。最初はすぐにでも辞めようかと思っていたが、山本嘉次郎監督――通称「ヤマカジさん」の下で助監督を始めてから、段々と仕事が面白くなってきたという。数々の優秀なシナリオを書いて受賞し、一九四三年（昭和一八年）に、『姿三四郎』で監督デビューする。映画は大ヒットして、期待される監督

の筆頭として、戦後を迎えた。

『わが青春に悔なし』（46年）の撮影中、砧の撮影所で、女優の高峰秀子から声をかけられた。

「クロさん、クロさん。ニューフェイスの試験場に来てみてよ。すごいのがいるんだから。でもその男、合格スレスレなのよ」

高峰は女優の代表として、審査員を受け持っていた。黒澤は試験場のドアを開けて、ギョッとした。若い男が怒り狂っている。生け捕りにされた猛獣のように凄まじい。その男が、怒りの表現をしていた三船敏郎だった。

黒澤から見れば、三船は照れ屋で、照れ隠しに審査員の質問をはぐらかすようなめた態度をしていたことがすぐに分かった。ヤマカジさんと黒澤は、彼を強く推した。しかし審査員の大半は、

「あんな反抗的な態度をする男は、撮影所に来てもらったら困る」

と声を揃えたのだ。そこでヤマカジさんの、

「新時代のスターとして、あんなふてぶてしい、たくましい俳優が欲しい。どうだろう？　養成所預かりということで、合格させてもらえないか」

という頼みで、三船は合格できたのだ。一、二か月は、俳優見習いということで、映画のいろいろな授業を受けている。

その時、三船がメモしたノートが残されていた。きちんとした字で、克明に内容が記録されている。内容は、「映画史」「映画社会学」「脚本の話」といった講義が並ぶが、一番熱心に書いてあるのは、「キャメラ」の授業だった。当時の最新カメラであるミッチェルのこととか、絞りやレンズなどの技術的なことが詳細にメモされている。これを見ても、この頃三船は、俳優は一時的な腰掛であって、本来はカメラマンを志望していたことがうかがい知れる。

そんな時、谷口千吉の監督デビュー作の話が進行していた。彼は八千草薫の夫。ヤマカジさんの弟子だから、黒澤にとっては兄弟子に当たる。戦時中は、黒澤が兄弟子を追い越して監督デビューしたが、戦後、千吉はやっとデビューすることができたのだ。そのシナリオを黒澤が書いた。

映画のタイトルは『銀嶺の果て』(47年)。最初のタイトルは「山小屋の三悪人」だった。銀行ギャングの三人が雪山に立て籠もって、山小屋に住む管理人やその孫娘との間で展開するサスペンス映画だ。

ある時、千吉が小田急線でつり革を握った男を認めた。彼はそばに座っていたプロデューサーの藤本真澄にこうつぶやいた。

「あすこの男。肩が張って、胸が厚くて、いかつくて。今度の映画のギャング役には、あんなのが欲しいんだがなぁ」

それが三船だった。藤本は千吉に告げた。

「千ちゃん、あれはウチの子だよ。ニューフェイスの教室に通ってんだ。だけど止めといたほうがいいよ。見るからにヤクザだぜ」

そうアドバイスされても、千吉は諦めなかった。翌日、早速講義のある部屋に行き、三船に直に交渉した。

「君、僕の今度の映画に出ない？」

その時、三船はこう答えたそうだ。

「男のくせに、ツラで飯を食うのは、あまり好きじゃないんです」

千吉は三船の上着がボロボロであることに気づいた。

「どうだろう？　もし出てくれたら、背広を一着作ってプレゼントするぜ」

この言葉を聴いて、三船はようやく重い腰を上げた。

サムライのイメージを定着『酔いどれ天使』

怖そうな外見とは違って、撮影中の三船は、スタッフにはとても好評だった。なにしろ雪山にロケに行ったら、その頑強な体で、率先して重いカメラを担いでくれる。またきれい好きで、掃除が大好きで、宿泊した山小屋を箒できれいに掃いてくれた。完成した『銀嶺の果て』のギャング役も好評だった。その三船のギラギラする個性を、黒澤は見逃さなかった。そして次の自作に、彼を起用しようと決意する。

それが『酔いどれ天使』（48年）だった。志村喬扮する酔いどれ医師と、肺病やみのヤクザとの交流を描く作品だ。もちろん主役は、タイトル・ロールである志村だった。ところが、脇役であるはずの三船の方が、どんどんのして来て、主役を食ってしまったのである。ポスターも三船が大きく扱われた。

実際、新宿では、本物のヤクザから、三船は、「兄貴！」と言われて最敬礼されたという伝説が残っている。

黒澤も、

「やっとこれが俺だと言えるような作品が出来た」

と言って、三船との出会いを喜んだ。

これ以後、六五年の『赤ひげ』まで、『生きる』(52年)を除いた計一六本の作品で、このゴールデン・コンビはタッグを組んで、名作を次々に放つことになる。

外国人は、「ミフネの顔は日本人離れしている」と、よく言う。「ビアリッツ」という語学学校の大きなポスターを、パリのメトロの駅で見たことがある。そこには各国の言葉に応じて、その国の国民性をデフォルメしたキャラクターがそれぞれに描かれていた。日本語会話の場合は、グレーのスーツ姿に黒ぶちのメガネの中の目は細く、ニヤニヤ笑って笑みを絶やさず、カメラを首からぶら下げた出っ歯の日本人が描かれていた。それが外国人から見た日本人のイメージなのだ。

それに対して「トシロー・ミフネは日本人としては異例で、彫が深く、アクションが得意で、すさまじいエネルギーをもっている」と口をそろえて言う。フランスパンを手にして、成城学園駅前の横断歩道を渡っているミフネを実際に目撃したある外国人は、「まるで刀を持って、こちらに突進してくるサムライに見えた」と述懐している。

特に海外では、『羅生門』『七人の侍』『蜘蛛巣城』『隠し砦の三悪人』『用心棒』『椿三十郎』『赤ひげ』といった黒澤時代劇の人気が飛びぬけて高い。三船敏郎は日本の〝サムライ〟のイメージを国際的に定着させることに貢献したのである。

第2回　黒澤明・苦境の時代

黒澤プロ設立の理由『隠し砦の三悪人』

黒澤明と三船敏郎は、結局一六本の映画を共作した。

そのなかで、黒澤にとって、大きな転機となった映画は『隠し砦の三悪人』（58年）である。初めてのシネマスコープ作品であり、その横長の画面を生かし切った娯楽時代劇だった。

劇中、三船扮する侍大将・真壁六郎太が、馬で敵を追いかけ、バッサバッサと斬り倒していく様は、映画館では拍手が沸く名シーンである。これは、黒澤がカメラを急速にパン（横に振ること）させ、背景を流してスピード感を出すという、横長画面をダイナミックに生かそうとした演出だった。

このシーンは、『風とライオン』（75年）で、モロッコの原住民の族長ショーン・コネリーが、馬で走りながら敵を倒すシーンに、そのまま応用されている。ただしこちらは移動撮影を使っているので、効果は半減。クロサワを敬愛する監督のジョン・ミリアスは、「もっと勉強しろ！」と師匠から怒られるに違いないが……。

またここに登場する藤原釜足と千秋実の農民は、後に『スター・ウォーズ』（77年）のデカチビコンビ、C−3POとR2−D2のロボットに翻案されることになる。

『隠し砦の三悪人』は、御殿場ロケの時、天候不順や、「雲の形が悪い！」と雲にまで文句を付ける黒澤流の演出法が災いして、公開が半年も遅れてしまった。三船扮する武将のライバル役を、最初は先代の松本幸四郎が演じる予定だった。ところがスケジュールの都合がつかず、藤田進に変更されたのも、撮影が延びたことに理由があった。

この映画のプロデューサーは藤本真澄だった。彼は初めて黒澤映画をプロデュースしたが、予算は守らない、撮影期間は守らないので、「もう二度と黒澤とは仕事をやらない！」と怒り出す始末。

「東宝だけが製作費を出すのではなく、お前もリスクを負え！」

と迫って、黒澤は自分のプロダクションを創らざるをえなくなる。つまり演出だけではなく、金のことも考えざるをえなくなったのだ。もちろん製作費を半分出すのだから、儲かった場合は、利益も半分もらっていいわけである。

黒澤プロ最初の作品は、『悪い奴ほどよく眠る』（60年）だった。これは題材が扱うのに難しい、汚職を扱った政治劇である。四人の名脚本家が招集され、脚本家が黒澤作品では最多となる総勢五名が四苦八苦して、共同でシナリオを完成させた。しかし興行は今ひとつの数字だった。

黒澤天皇としての伝説『天国と地獄』

ところが、次の『用心棒』（61年）とその続編の『椿三十郎』（62年）では、三船敏郎が浪人三十郎役を好演。大ヒットしただけでなく、バサッ、ドシュッという人を斬る時の斬殺音を創始し、以下の時代劇すべてがこの効果音を真似ることになる。またすさまじい血の噴出は、これ以後数年にわたって〝残酷時代劇〟を流行させる。この正続のシリーズは、〝三十郎以前と以後〟といわれるほどの、あるいは時代劇に革命をもたらしたと言われるほどの画期的な作品となった。

次の作品は、子供の誘拐を扱った『天国と地獄』（63年）というサスペンス劇の傑作だった。この作品も大ヒットを記録した。

この作品が公開された時、「犯人（山崎努）はインターンという設定にしてあるが、将来を約束された職業に就いている者が、あんな危ない罪を犯すとは考えられない」とは、当時から言われた批判だった。しかし私はその件に関して、黒澤監督に直接聞いてみたことがある。すると監督は、

「ヌッと出て来るからいいんだよ」

の一言で言い切った。劇中、共犯者二人を殺すために腰越の別荘を訪れた犯人は、サングラスをかけたまま白百合のなかからヌッと出て来る。あのイメージのような、蛇のような、得体のしれない、過去が分からない不気味な犯人を創造することが、黒澤の一つの狙いだったのだ。

つまり、この犯罪は従来の怨念型では割り切れない犯人――つまり職業や地位には関係なく、個人や集団をパニックに陥らせ、その反応をニヤニヤと笑って楽しむ愉快犯を登場させたことが重要なのだ。そうした都会型の犯人像を創出した点でも画期的な映画であったことを強調しておきたい。

皮肉なことだが、一九六三年の公開の年には、犯人・小原保はこの映画の予告篇を見て「吉展《よしのぶ》ちゃん事件」という誘拐事件を引き起こした。また前年から爆発、脅迫、狙撃を何度も重ねた「草加次郎事件」は、この映画の出現によって加速した。特に「吉永小百合脅迫事件」において、犯人の「走っている常磐線の電車から現金を投げろ」という指示は、まさに『天国と地獄』の完全な模倣である。

その現実の犯人が模倣したこだま号から身代金を渡す時の酒匂川のシーン――この

撮影のために、「邪魔な家をどかせろ！」と黒澤が命じた鶴の一声で、スタッフはその家を壊しに行ったことは、今や伝説になっている。ただし、撮影が終了した翌日には、その建物を造った大工さんを連れて来て、ちゃんと元通りにしたそうだが……。

黒澤明の前途は洋々。〝黒澤天皇〟と称されるまでのパワーをもち、その勢いはまさに三十郎が驀進していくような大進撃モードとなるのである。

最初で最後の監督作品『五十万人の遺産』

一方、三船敏郎の方も大躍進だった。特に『用心棒』でベネチア国際映画祭主演男優賞を受賞して以後は、外国からのオファーも届き、最初の海外作品『価値ある男』に主演した。一九六一年製作のメキシコ映画である。

三船は、現地の名優にスペイン語の台詞をすべてしゃべってもらい、それを録音したテープを必死で丸暗記して、撮影現場ではスペイン語で通した。これはミフネが外国映画に出演した時の、終生変わらぬ姿勢だった。

私は、ミフネと『グラン・プリ』（66年）で共演したイブ・モンタンにパリでインタビューしたことがある。彼は撮影時のことを思い出しながら、「ミフネは英語の台詞を丸暗記し、撮影の時もそれで通した。あのガッツは見上げたものだった」と、その直向きな態度をひどく称賛していた。ただし、そんなミフネの努力にもかかわらず、『価値ある男』も『グラン・プリ』も、出来上がった作品では現地の人間が吹き替えをしていたのだが……。

さて、『価値ある男』に戻るが、この作品は寅さんや無法松を思わせる村の荒くれ者の話である。彼は妻子を顧みず、祭りの名誉ある主役に選ばれることだけに執着している。しかし映画は、彼の「価値ある」部分が全く描かれていないので、ただの飲んだくれにしか見えない。

当時、三船は四一歳。脂の乗り切った絶頂期の時代なので、この程度の映画ではもったいないと思った。と同時に、今見るとシナリオがかなり雑で、三船はよくこれで出演ＯＫしたなと思わせる。前述の田中寿一にその辺の事情を聞いてみたら、「とにかく社長はその頃、外国で一度仕事をしたかったから」だったという。

そんな時、彼は海外で勉強してきたのである。当時、ハリウッドではバート・ランカスターやカーク・ダグラスなどの良心的な俳優が、自分のプロダクションを設立し、会社からのお仕着せの仕事ではなく、自分で企画を考え、自分で製作費を調達して映画を創ることが、一つの流行りになっていた。こうした風潮に影響されて、三船も、「三船プロダクション」を作ろうと意欲を燃やしたのである。

第一作は『五十万人の遺産』だった。この映画は、一九六三年三月一日に公開された『天国と地獄』のすぐ後の、四月二八日に公開された。スタッフ、キャストがほとんど同じで、まるで黒澤組がスライドしたような印象を与える。しかも三船は、この作品で監督までやってのけているのだ。

黒澤は、三船がプロダクションを作ることには、最後まで反対だった。それは自分が黒澤プロを作って、余計なことにまで気を遣わねばならなくなった経験があったからだ。「役者は余計なことをやらず、役者に徹していればいいのだ」というのが、黒澤の一貫したポリシーだった。

しかし一旦、三船プロが設立されるや、ノン・クレジットで編集を引き受けるところが、いかにもヒューマニスト黒澤らしい。

「このアップが足りないよ」

映画はフィリピン・ロケを行っていたが、黒澤からこう言われた三船は、すぐに近くの林に行って、自分のアップを撮り足してきたという逸話がある。

ただし三船が監督したのは、この映画が最初で最後だった。三船は監督には向いていないのだ。なぜかといえば、彼は周囲に大変気を遣う人だったからだ。

この頃、彼がテレビCMに出演していた時のスポンサーが「アリナミン」。黒澤が「こんなカットは使えないよ」と言ったにもかかわらず、結局映画の中では「アリナミン」が無理やり登場している。

こんな風に、あっちにもこっちにも顔を立ててしまうと、どっちつかずの中途半端な作品になってしまう。監督は、ある程度自己主張をもったわがままな人でないと、作品的には成功しないのだ。

がってん騒動『風林火山』

一九六〇年代の後半に入って、日本映画の興行人口は激減し、大手の映画会社は、社員を解雇し、契約に切り替えようとしていた。その時、東宝の受け皿になったのが三船プロだった。三船は多くの社員を食わせねばならなかった。

また三船プロは、独立プロとしては珍しい規模の巨大オープンセットを、成城北に建設する。そんな状況から、三船は海外作品——『グラン・プリ』(66年)、『太平洋の地獄』(68年)、『レッド・サン』(71年)などに出演して、出稼ぎに行かねばならなかった。同時に「大忠臣蔵」(71年)、「荒野の素浪人」(72〜74年)などのテレビ時代劇シリーズ、「男は黙って」のコピーで有名な「サッポロビール」のCMの仕事も引き受けてしまう。

この当時の彼のプロデューサーとしての苦労を物語る逸話として、「がってん騒動」というエピソードがある。それは『風林火山』(69年)に出演した土屋嘉男が私に話してくれたものだ。

ロケ先の宿舎に、三船が帰ってきた。彼はプロデューサーでもあるのだから、演技のことだけでなく、金のことも考えねばならない。酒を飲んでテンションが上がり、ついに爆発してしまった。

「あれぐらいの撮影を何で消化できないんだ!」

そう言って、稲垣浩監督のことを罵り、野獣のように吠えている。稲垣は、部屋から一歩も出られない。

　しかし誰もが不思議に思ったのは、三船は悪態をついた後に、必ず「がってん」

「がってん」という言葉を付け加えていたことだ。「何だ、あの監督は、がってん！」、

「勝手にしろ、がってん！」といった具合に……。スタッフたちは全員首をひねった。

一体何のことか分からない。合点がいかない。

　そのうち、英語の分かる人がやって来て、説明してくれた。

「あれは『がってん』ではなくて、『God damn!（ガッデム）』――つまり『神よ、地獄へ堕ちろ！』という意味で、『畜生！』とか『馬鹿やろう！』とか悪態をつく時の罵り語です」

　それを聞いて、皆ようやく納得できた。

「さすがに社長は国際派だ。海外を渡り歩いているから、罵り語まで外国語だ」

と妙な所で褒められたそうだ。

黒澤＝三船の集大成『赤ひげ』

一方、黒澤プロの方も東宝との提携作品として、映画を作り続けていた。

『天国と地獄』の後は『赤ひげ』（65年）だった。江戸時代の国立病院・小石川養生所に勤務する新出去定という豪快な医師が三船の役どころである。結局この映画が、黒澤＝三船コンビの最終作となった。

この映画を私は中学生の時、学校から連れられて見に行った。しかし見終わって、何か腑に落ちなかった。ホーム・ルームの時、先生はみんなに感想を求める。私が「僕はこの映画は好きじゃありません」と言い放つと、「君はこの映画の良さが分からんのか！」と先生から怒られた。今ならそれが何かを説明できるのだが、その時は何だかよく分からなかった。

今の結論はこうである。この作品は一見すれば、メチャクチャに強い豪快な医者が、貧しい人のために悪を退治してくれる、いわば勧善懲悪の単純な作品だ。それを「水戸黄門」のような東映チャンバラ時代劇――つまり歌舞伎のような絵空事のなかで描かれれば納得できるのだが、壮大な製作費と映画技術を駆使したリアリズムでやられると、「ちょっと違うなぁ」といった嘘臭さと違和感を抱いてしまうのだ。

また三船の演技が単調過ぎて、まるでデリケートな庶民の心の機微に呼応していないロボットのような感じがする。

黒澤自身も、この映画が完成した時、試写を見た共同脚本家の小国英雄から、
「黒澤、あの三船は違うぜ」
と言われて気にしていたそうである。そのことは、スクリプターの野上照代が以下のように書いている。私はそれを読んだ時、溜飲が下がる思いがした。

クロサワの顔に失敗した時の後悔の影が走ったように見えた。小國さんの指摘は、ミフネは〝赤ひげ〟という人物を正しく理解していない、という意味だったらしい。

〝赤ひげ〟という人物について、脚色に当り原作者の山本周五郎からもクロサワに「赤ひげは心に深い傷を負った人間だということを忘れないように」とアドバイスがあったそうだ。

（「蜥蜴の尻っぽ」）

赤ひげは、豪放磊落なだけの人間ではなく、もっと複雑な陰影のある人物だったのだ。にもかかわらず、赤ひげの造形は単純過ぎて、結果的に「えらそうに！」とでもいうような感じになってしまっている。しかし実はそれは、三船プロの社長として君

臨していた、当時の驀進する三船の心情がそのまま現れていたのではなかったろうか。

黒澤の方も同じである。この映画は映画技術的に見れば、ものすごい。黒澤自身、「自分の集大成」と言っているだけに、その気合の入れ方は尋常ではなかった。まさに黒澤、三船、どちらも頂点を極めたような映画なのだ。しかし観る側からしてみれば、その思いが強すぎて、「どうだぁ、すごいだろー！」と押し付けられているような圧迫感さえ感じてしまうのだ。

『赤ひげ』は、本来は山本周五郎原作の庶民の映画だと言われているが、どうも庶民の方に下りてきて、目線を同じ位置に置いた映画とは思われない。作っている本人はそんな意識はなかった——いやそれどころか、「俺は庶民の映画を創ってるんだ！」と認識していたかもしれない。しかし結果的には、上から目線で、威圧感を感じさせる映画になってしまったということなのだろう。

そうした「黒澤天皇」とまで称された黒澤流の映画の作り方——即ち、端から見ればわがままともいえる行動パターンが、この後、さまざまな所でトラブルを生むことになっていく。

『赤ひげ』は結局、一六本続いた黒澤＝三船コンビの最終作となった。頂点を極めた二人は、後は坂を下るか、あるいは別れるかしかなかったのである。

「暴走機関車」の食い違い

『赤ひげ』は二年がかりの超大作だった。しかし興行人口がどんどん減っていく当時の日本の映画界では、もうそんな黒澤流の悠長な作り方など、できるわけがなかった。

そこで黒澤は、当然のことのようにハリウッドを目指すのである。スウェーデンの俳優マックス・フォン・シドーにしろ、フランスの作曲家モーリス・ジャールにしろ、イタリアの撮影監督ヴィットリオ・ストラーロにしろ、才能を認められた映画人は自国を離れ、世界の映画界を席巻するハリウッドで勝負しようと試みる。実は黒澤もそうだったのだ。

最初の試みは、『暴走機関車』という映画である。カナダで実際にあった列車の暴走事件に材を取って、そこに脱獄囚がたまたま乗り合わせていたというシチュエーションで描く骨太のエンターテインメント映画になる予定だった。

ところが、黒澤側は70ミリ、カラー作品と考えていたのに対し、製作する側の「アブコ・エンバシー・ピクチャーズ」は、35ミリ、白黒作品を主張し、暗礁に乗り上げてしまったのだ。これにより黒澤は製作から手を引く。

ただし、黒澤が書いたシナリオに手を加えて、一九年後の八五年に、アンドレイ・コンチャロフスキー監督の手によって映画化された。しかし黒澤は、「作品の性質はまるで違う」と、その映画を否定していた。

『トラ・トラ・トラ!』事件

『暴走機関車』は第一の挫折。第二の挫折が、いよいよ次の作品『トラ・トラ・トラ!』(70年)である。黒澤監督は、20世紀フォックス社側からの要請を受けて、真珠湾攻撃を描いたこの超大作の日本側監督を引き受ける。『トラ・トラ・トラ!』とは、「我奇襲ニ成功セリ」という暗号名である。

この映画がどうして製作されるようになったかの過程が面白いので、ちょっと解説しておこう。まず、20世紀フォックス社は、超大作『クレオパトラ』(63年)を製作するが、主役のエリザベス・テイラーのわがままや、監督の交代劇でゴタゴタが続き、無駄な出費が重なって、会社の財源は底が尽きそうだった。

それを救ったのが戦争映画『史上最大の作戦』（62年）だった。大プロデューサー、ダリル・F・ザナックが製作したこの超大作を世界的な大ヒット作に仕立てることによって、20世紀フォックス社は、救済されたのだ。

そんな経緯があったので、夢よもう一度とばかり、再び企画された戦争映画が『トラ・トラ・トラ！』だった。『史上最大の作戦』は、連合国側が敢行したD－デイ、即ちノルマンディー上陸作戦という勝利の一日を描いたが、『トラ・トラ・トラ！』は、パールハーバーというアメリカが体験した敗北の一日を描くのだ。

『史上最大の作戦』で成功したことは、撮影隊を各国のチームに分け、それぞれの国の視点で描かせたことである。三人の監督に分けたことがとにかくも、ある客観性を有する結果になったのだ。

この方式が『トラ・トラ・トラ！』でも採用される。アメリカ側は『海底二万哩』（54年）や『ミクロの決死圏』（66年）で有名な職人監督リチャード・フライシャーが抜擢され、日本側は日本で最も有名な監督・黒澤明に白羽の矢が立てられた。

一つ注意しておきたいが、この作品を「日米合作」と書いた本もあるが、それは間違いである。『トラ・トラ・トラ!』は、あくまで20世紀フォックス社が出資する純然たるアメリカ映画だった。つまり、黒澤明は20世紀フォックス社から任命された、単なる雇われ監督にすぎなかったわけである。

さて黒澤は、真珠湾攻撃を徹底的に取材して、アメリカ側のシナリオまで書き上げる。初稿は電話帳ほどの厚さだったそうだ。

フォックス社が震撼したのは、黒澤が「素人俳優を使う」と提案した時だった。私が調べて驚いたのは、海軍の軍人役のほとんどが、海軍出身の実業家やビジネスマンだったことである。黒澤はそうした本物のもと軍人たちを使って、本物の威厳を出そうと考えていたのだ。

しかし周囲の人間から見れば、現実問題として、限られた時間のなかで、そんな無謀なことができるのかと疑問に思ったはずだ。アメリカで作られたメーキング「ヒストリー・スルー・ザ・レンズ/トラ・トラ・トラ!」(2001年)の中で、「クロサワは経済界に恩を売って、次回作を作ろうとしていた」とアメリカ側が解釈していたのは驚きだった。

それに加えて、撮影したスタジオが、黒澤流の映画の作り方に慣れていた東京の東宝砧撮影所ではなく、太秦の東映京都撮影所であったこともマイナス要因だった。当時東映と契約していた俳優の大木実は、「ヤクザ映画を撮影しているなかで、黒澤さんが何とか海軍流の威厳を保とうとしていたことは、端から見ていて気の毒なほどでした」と証言してくれた。

なぜ太秦で撮影したのか？　もちろんレンタル料金が安かったことも理由の一つだが、黒澤自身、その当時、「東宝でなくとも仕事はできる」ということを公に見せたいためか、東宝からあえて離れようとしたことも、悲劇の一因だった。

加えて、黒澤プロ側の青柳哲郎というプロデューサーが、本来ならば、アメリカ側との調整役をしなければならなかったはずだが、これほどの大作をプロデュースすることは初めての経験だった。その仕事の杜撰さは、後に白井佳夫が「キネマ旬報」誌に連載した「「トラ・トラ・トラ！」と黒澤明問題ルポ」という記事で暴かれていく。

撮影に入ってから、京都のスタッフの間でもうまくいかず、黒澤はノイローゼ状態に陥る。私は俳優の宮口精二からとても親しくしてもらっていたのだが、以下は宮口から直接聞いた話である。

宮口は山本五十六司令長官の前任者である吉田善吾海軍大臣（完成版では宇佐美淳が

演じた）の役で、この時の最初の撮影に付き合っている。その後すぐに撮影が中止されて、自宅待機していたが、その時、黒澤から電話がかかってきたという。

「絶対に再開するから、待っていてくれ」

と涙声で話したそうだ。一時間半余りも電話を離さず、

「そんな電話なんて一度ももらったことなかった。こりゃあ、異常事態だと思ったね」

と、宮口は話してくれた。

こうしたトラブルが続出したため、予定内に黒澤は撮影することは無理だと判断され、クランクインから二一日後のクリスマス・イブの日に、ついに20世紀フォックス社から解任を申し渡された。要するに〝首〟である。これが『トラ・トラ・トラ！』事件のあらましだ。

結局、『トラ・トラ・トラ！』は、日本側監督のピンチヒッターとして、舛田利雄、深作欣二という二人の監督を据え、出演者を玄人俳優に総替えして、完成した。

日本では興行的にはそこそこの数字を上げたが、大騒ぎした割には、本国ではそれほどの数字には至らなかった。戦争を仕掛けられた方のアメリカ人に、敗北の一日を

クールに見つめよという方が、土台無理な話だったのかもしれない。

三船敏郎の舌禍事件

一九六九年一月二三日、その日は、『風林火山』の完成披露パーティーが催された日だった。その席上で、『トラ・トラ・トラ！』事件を受け、三船敏郎は以下のような発言を行った。

「出演者に素人を使ったことが、こういう結果の一因になったのだ。それは、プロの俳優として、挑戦状を叩きつけられたも同然だ。今後一切、私は黒澤映画には出ない！」

この突然の発言は、黒澤のやり方を批判し、黒澤に追い打ちをかける形になった。この発言は「三船敏郎の舌禍事件」と騒がれ、黒澤と三船の間に亀裂が生じたと噂された。

私もこの発言を聞いた時、なぜ三船は、こんな悪口を突然言い出したのか、不思議でしょうがなかった。そこで、田中寿一に聞いてみた。なぜなら彼は当時、三船プロの窓口ともいえる立場にいたからである。すると、意外な事実を教えてくれた。それはここで初めて公にするもので、スクープと言ってもいいかもしれない。田中の話はこうであった。

「エルモ・ウィリアムスって、ザナックの下で働いていたプロデューサーがいたでしょう。世間では、彼が三船プロに来たのは、『トラ・トラ・トラ！』事件の後だと言われていますが、実際は前だったんです」

エルモとは、『史上最大の作戦』の時から、ザナックを補佐していたキー・パーソンである。黒澤は「エルモの話は止めようよ」と言って忌避するほど、この男のことが大嫌いだった。なにしろ、クリスマス・イブの日に京都ホテルで解任の通達を伝え、引導を渡したのは彼だったからだ。

エルモは『トラ・トラ・トラ！』事件で黒澤を解任した後、三船の所に来て、「山本五十六の役で出てくれないか？」と頼みこんだといわれている。田中は、

「その時も来ましたが、それより前に、すでに来てたんです」

と言うのである。これは新証言だ。

「『トラ・トラ・トラ！』を製作しようとする一等最初に、エルモは三船社長の自宅

に来て、五十六役をオファーしたのです。その時は私も同席したので間違いありません。エルモは『キャスティングや製作も三船プロでやってくれるか』と言うので、社長は『分かった』とうなずいた後に、『ただし条件がある』と付け加えました。それは、『監督に黒澤さんを起用してくれ』ということでした。社長は黒澤さんの仕事が途絶えていることを心配してたんです。またこれを機会に、黒澤さんとの仕事を復活させたいと願っていたわけです」

ところが、そうはならなかった。黒澤に話は行ったが、三船に話は戻って来なかった。田中は「なぜそうなったか？　その辺の事情は自分には分からないが……」と前置きして、こう続けた。

「どこでどう間違えたのか、黒澤さんは間をすっ飛ばして、即監督を引き受けて、シナリオまで書いちゃった。更にその後、素人まで使ったもんだから、社長は順番が違うと怒ったんです。社長は黒澤さんが素人を使うという話を聞いた瞬間、『バカめ！』と言いましたよ。この言葉は社長の口癖で、スタッフによく使ってた言葉です。黒澤さんはそれで大丈夫なんだろうかと本当に心配していたんです」

そして……案の定、三船の心配した通り、『トラ・トラ・トラ！』製作は暗礁に乗り上げた。黒澤が解任された後、再びエルモが三船プロにやってきた。

「しかしその時は、『黒澤さんが監督をやらなければ、自分はやる気はない』と社長は断ったんです」

こうして、ピンチヒッターの監督は誰にするかのテンヤワンヤの交代劇が始まるのである。

この話が本当だとすれば、エルモを始め、青柳哲郎も含め、日米間を調整すべきはずのプロデューサーが、メッセンジャーとしての役割を全く果たしていなかったことになる。

まことに『トラ・トラ・トラ！』は、今もって謎の多いミステリアスな作品だということができよう。

四騎の会を結成『どですかでん』

ところで、黒澤明は、『トラ・トラ・トラ！』事件の後、どうなっただろう？

彼は何としてでも、映画を撮らねばならないという焦りにも似た思いで、「四騎《よんき》の会」を結成する。黒澤明、市川崑、小林正樹、木下惠介という巨匠監督が結集して、脚本、監督を共同で行い、新しい映画を作ろうと烽火を上げたのだ。

その第一作が『どら平太』だった。山本周五郎原作の勧善懲悪の時代劇である。しかしそのアイディアも結局空中分解してしまう。

映画自体は、三一年後に市川崑が単独で監督して完成したが、その記者会見の席で、私は市川監督に質問した。

「脚本を共同で書くというのは分かるのですが、共同で監督するというのは、どういうことだったのでしょう?」

すると、市川監督は、

「あの時は、自分の好きなシーンを撮って、後からそれを併せるという方式でしたね」

と答えた。しかし個性の強い巨匠たちがバラバラに撮ったシーンをつなげてみたら、演出のトーンの統一がとれていただろうか? 案の定、結果は暗礁に乗り上げた。まさしく「船頭多くして舟、山に上る」の典型になったわけである。

そこで、黒澤は単独で別の山本周五郎の小説を監督しようと試みる。それが『どですかでん』(70年)だった。『赤ひげ』から五年ぶりの黒澤作品である。原作は「季節のない街」。貧しい街に住む人たちの奇妙な群像劇。市川崑は、「『四騎の会』の第一作としては暗すぎる」と進言したが、黒澤は敢行した。黒澤は完成した作品を評して、「あれはユートピアだね」と言ったが、どこかペシミスティックな装いをもった不思議な感触の映画に仕上がった。

ところがこれが全く当たらなかった。黒澤プロは一〇〇〇万円以上の負債をかかえることになってしまった。

黒澤監督と会った!

一九七一年一二月二二日。

「本日午前八時ごろ、映画監督黒澤明さん方の一階風呂場の浴槽に、黒澤さんが裸のままで血まみれになって倒れているのを、洗濯をしに来たお手伝いさんが見つけました。黒澤さんはカミソリで自殺を図ったと見られています」

テレビのアナウンサーははっきりとそう告げていた。

その頃、私は早稲田大学第一文学部演劇科に在籍し、映画の勉強をしていた。その在学中に、驚愕の出来事が起こったのだ。黒澤明監督の自殺未遂事件である。

黒澤映画が大好きだった私は、大変なショックを受け、この事件によって、黒澤明を本気で研究しようと思い、卒論に黒澤明を取り上げることを決めた。

当時は学生運動華やかなりし頃で、黒澤明は天皇、体制側、家父長制の父親と批判され、「黒澤明を好きだ」と表明することは、相当に勇気のいることだった。それはスティーヴン・スピルバーグも、ジョージ・ルーカスも登場する以前の時代だったのである。

しかしそれだからこそ、私はイデオロギーから見た批判ではなく、黒澤の本質的な問題を問い詰めて行こうと思い立った。当時黒澤を評論した本は、佐藤忠男著の「黒沢明の世界」一冊しかなく、本の資料を集めるだけでは不足だった。そこで何人もの関係者に直に会い、黒澤にまつわる話を聞きとろうとしていたのである。

翌年は、あの「あさま山荘」事件が二月に起きた忌まわしい年で、世の中は騒然としていた。しかし私はインタビューを取ることに邁進していて、周囲に惑わされることはなかった。宮口精二、森谷司郎、佐藤勝、白井佳夫、熊井啓……といった人たちに連絡して録音テープを回した（このうちのいくつかは、後に「巨匠のメチエ・黒澤明とスタッフたち」というインタビュー集のなかで掲載することになる）。

そんな最中、自殺未遂事件から一一か月たった一九七二年一一月二九日、この日が私の運命を変えた。

その日、新宿の映画館「テアトル新宿」で、「黒澤明特集」が組まれており、私はこの映画館に足を向けたのだ。『七人の侍』を見終わった後の幕間にトイレに行き、私は自分の席に戻ってきた。隣には背の高い人が座っている。

「失礼」

と、その人の前を横切って、席に座った瞬間、声を上げそうになった。黒澤監督！何とこれから上映する『隠し砦の三悪人』を監督した本人が、そこに座っているではないか！　神は我に味方せり。

上映中、私は映画を見たという記憶がない。本当にこの人は黒澤明なのだろうか？何度も黒澤の方を向いて本人なのかと確認し、上映後、どう声をかけようかと考えていたのである。

映画が終わって、黒澤は立ち上がった。私は追いかけて、入口の所で思い切って、

「監督！」

　と声をかけた。普通ならサインをねだるか、「頑張ってください」と伝えるのが関の山だろう。ところが、これから卒論に取り上げようとした生《なま》黒澤が、わが眼前に居るのである。こんな千載一遇のチャンスを逃すわけにはいかない。

「僕は早稲田の学生です。監督の映画が大好きで、卒論に取り上げようと思っています。どうかお話を聞かせてくれませんか？」

　私の声は震えていたかもしれない。黒澤は少し驚いたような、呆れたような表情で、じっと私を見た。痩せてはいたが、サングラスをかけ、背が高いために、まことに威圧感がある。瞬間、黒澤の背後を流れる人が、スローモーションになったことをはっきりと覚えている。私はそれくらい緊張していたのだ。

「そう」

　と黒澤はゆっくりと声を発した。

「分かった。そのへんで話しましょう。君、どこかビアホール知らない？」

　何と、本物の黒澤明が私を誘ってくれたのである！　その足で新宿駅東口に近いビアホールに入り、二時間、上機嫌で話を聞かせてくれたのだ。

自殺未遂の理由

その二時間あまりの話のなかで、忘れもしない。黒澤は、自殺しようとした理由を、何気なく、ボソリと話してくれた。「どうして自殺したんですか?」などと聞いたわけでは決してない。何となく、そんな話になって、思わず黒澤の口から洩れたのだ。

「あれはね、自己嫌悪だったんだよ。テレビとか、そういうもののなかに行こうとした自分が急に嫌になったんだ」

——「自己嫌悪」

私はその四文字を忘れない。つまり黒澤は、『赤ひげ』以後、相次ぐ挫折で、映画が撮れなくなった。そこで、テレビに向かおうとしたのである。

「四騎の会」で、最も早くテレビに活動の場を移したのは、木下恵介だった。彼は「木下恵介劇場」や「木下恵介アワー」に手を染めて、お茶の間の人気者になっていた。市川崑は、「木枯し紋次郎」シリーズを演出、監修して大ヒットさせる。頑ななことでは有名なあの小林正樹でさえも、「化石」(72年)というドラマシリーズを演出して、テレビ界と接触を続けたのだ。いわばあの時代、巨匠たちがテレビに向かおうとしたことは、かわすことのできない時代の大きな波だったのである。

黒澤もテレビに向かおうとした。ドキュメンタリー「馬の詩」(71年)を編集したし、「夏目漱石シリーズ」、「山本周五郎シリーズ」を監修する話も決まっていた。しかし、こうした仕事に関わっていた時、彼は鬱々とした孤独の中に居たのである。

「僕はテレビは作れない。テレビは粗雑だから……」

絞るような口調でこうも言った。黒澤は自分流の映画の作り方を曲げてまでも、テレビに迎合し、妥協しようとした自分が許せなかったのである。黒澤はテレビのCMには出演したが、テレビドラマの演出に関しては、ついに生涯一度も関わらなかった。その意味ではテレビが大嫌いだったのである。

帰り際に、黒澤は、

「やはり、僕は映画を作らんといかんだろうね。僕にはそれしかできないんだから」

と言った。私は、

「そうですよ。ファンもそれを待ってます」

と答えた。

ところで、これは相当年月がたってからの後日談だが、私は「ビデオキャパ」という学研の雑誌に映像テクニックに関するコラムを六年間連載した。それをダイジェストした記事は最終的には「一人でもできる映画の撮り方」（洋泉社刊）という本になったが、フジテレビが「これを原作として番組を作りたい」と言ってきた。一九九一年から翌年にかけて、宝田明がナビゲーターを務め、「アメリカの夜」というタイトルで、三〇分の深夜番組を二二本制作した。視聴率も深夜番組としては高く、再放送を望む声も多かった。

「ズーム」や「パン」などのテーマに従って、映画の代表的なシーンを参考に流しながら、映像技術を勉強するという教養番組だった。私は当然のように、原作の中では黒澤作品を数多く引き合いに出していた。そこでプロデューサーは、黒澤プロに「映像を借りたい」と交渉しに行った。ところが、「黒澤はテレビが嫌いだから」という理由で断られてしまった。あの時、「テレビは粗雑だから」と黒澤が言ったことが、まさか巡り巡って、二〇年後にわが身に降りかかってくるとは夢にも思わなかった。

第3回　三船は黒澤の分身

海外映画におけるミフネの頂点『レッド・サン』

ニューヨークからボストンへ行く途中、大雪のために、列車がニュー・ヘイブンの駅で停車した。そこからは運行不能ということで、バスが代行運転に駆け付けた。降りしきる雪をバスの窓から見ていたら、横に座ったアメリカ人の中年婦人が話しかけてきた。私は「日本から来た」と言った。

「そうか、そうか、私の家には、日本製の収納家具がある」

と続けた。おそらく箪笥のことだろう。かなりの日本びいきだと見た。

「『羅生門』という映画を知っているだろう。私はあの映画が大好きだ」

『羅生門』は、アメリカでは普通人の一般教養として、誰もが知っている日本映画だ。私の友人は学生時代、シカゴ大学を見学に行った時、「今日はウチの大学で〈ラッシャーマン〉という芝居があるから見ていけ」と言われたそうだ。友人は最初そのタイトルを〈ロシア人〉かと思って見に行ったら、何と〈ラショーモン〉だった。鑑賞後に「感想を言ってくれ」と意見を求められたらしいが、『羅生門』のアメリカでの浸透度は、我々の予想を遥かに超えたものがある。

そのうち、その婦人と、役者の話になった。

「あの『羅生門』に出た俳優は、エネルギッシュで大好きだ。何て言ったっけ、あの俳優？」

「トシロー・ミフネ」

「そうそう、ミフネ、ミフネ。彼は元気か？」

「数年前に亡くなった。ちょうどクリスマス・イブの日だった」

そう言ったら、彼女の表情はみるみるうちに曇って、ついにはボロボロと泣き出した。彼女はまるで親戚の一人が亡くなったかのように、悲しかったのである。

私にとっては、トシロー・ミフネがいかに海外で愛されているかを知ったアメリカ体験であった。

黒澤は『トラ・トラ・トラ！』事件で辛酸をなめたが、逆にこの頃、三船は海外作品において頂点を極めていた。その映画とは『レッド・サン』。

幕末、友好条約を締結するためにアメリカに渡った侍・黒田重兵衛（三船）の乗った列車が、強盗団に襲われる。首領のゴーシュは、黒田が大統領に献上しようとした宝刀を盗み、邪魔になった相棒のリンクを消そうと試みる。しかしリンクは死ななかった。かくして重兵衛とリンクは力を合わせ、宝刀奪回の旅に出発する。

アメリカのプロデューサーの中には、ミフネを神のように尊敬している人物がいる。テッド・リッチモンドもその一人だが、彼はこの『レッド・サン』のプロデューサーだった。資金を出資したロベール・ドルフマンがフランス人なので、この映画はフランス映画だと思われがちだが、話をまとめたのは、リッチモンドの方だった。いわゆるエグゼクティブ・プロデューサー（製作総指揮）である。田中寿一の話によれば、このリッチモンドに招かれ、打ち合わせのために、三船とロサンジェルスを訪れたという。

ランチに呼ばれたので、行ってみたら、テーブルを囲んで五人の人物がずらりと並んでいた。サム・ペキンパー、エリア・カザン、テレンス・ヤングを始め、一流監督がそこに座っていたのである。テッドはこう言った。

「このなかの監督から、今度の映画の監督にしたいと思う人を選んでくれ」

監督が俳優をオーディションするとは聞いたことがあるが、俳優が監督をオーディションするとは前代未聞の出来事だった。ミフネはこう答えた。

「日本では当事者をこの場所で言うようなしきたりがないので、明日連絡する」

皆が立ち上がった時、テレンス・ヤングだけが「あなたに会えてうれしかった」と挨拶した。

その挨拶を気に入ったのか、その後、三船と田中は協議して、「007」シリーズを監督したテレンス・ヤングに白羽の矢を立てた。

チャールズ・ブロンソンがリンクを演じることはすでに決まっていたが、悪役のゴーシュの役がまだ決まらない。三船はこう提案した。

「この映画は、スペインで撮影して、日米の俳優が出て、監督はイギリス人だ。だったら、さらに国際的にするためにはフランス人がいい。寿一、フランス人で誰かいい

俳優はいないか?」と聞いた。そこで田中は、

『太陽がいっぱい』(60年)に出演して、日本で特に人気の高いアラン・ドロンがいいのでは?

と言って、彼に決まった。

田中はアラン・ドロンがクランク・アップする時、ロケ地のスペインで見学していた。ドロンは田中を自家用機でパリまで送ってくれた。その機内で、「ウチのミフネは〝サッポロビール〟のCMに出演している。ブロンソンは〝マンダム〟のCMに出ている。あなたも日本のCMに出てみないか? メンズ・ファッションのCMの話があるのだが」と誘ってみた。するとドロンは、

「それ、逆にしたら面白いんじゃないか。チャーリー(ブロンソンの愛称)がビールを飲んで、ミフネが男性化粧品を使ったら、意外性があって、もっとキャラクターが強くなるよ。そうだな。俺も一度日本のCMに出てみようかな」

と答えて、その場でOKが出た。パリに着いたその足で、ドロンの弁護士の所へ行き、契約書を交わした。

こうして三船プロで制作したのが、レナウン社のメンズ・ファッション「ダーバ

ン」である。このCMは大ヒット。なにしろ、パリでショッピングした日本人が、「『ダーバン』のスーツをくれ」と言ったほどの効果があった。ドロンはこれを機会に、三船とは生涯親友の間柄となっていく。『レッド・サン』は、三船にさまざまな贈り物をもたらした好作品だったのである。

シベリアの大地へ『デルス・ウザーラ』

黒澤は新宿で私と出会った時、「今、海外から、映画を撮らないかという誘いが三つ寄せられている」と話してくれた。

それによれば、まず「ロンゲスト・ライド」という西部劇だった。『レッド・サン』を大ヒットさせたプロデューサー、テッド・リッチモンドが三船プロに持ち込んだ企画で、今度はクロサワに西部劇を撮らせようとする考えだった。この年の四月には、三船プロとテッド・リッチモンド・プロによる合作として、黒澤を監督に起用するとの発表が、三船からあったが、黒澤はこの話にはあまり乗る気ではなく、企画自体が進展しなかった。三船はここでも、黒澤に仕事をさせたい気持ちが強かったのである。

二つ目は、「……ａｎｄ（そして）」という映画で、これはシナリオをすでに自分で書いていた。いうなれば「青い目のサムライ」といった話で、後に三船が徳川家康役で出演した『将軍』（80年）という三浦按針をモデルにしたハリウッド製時代劇があったが、あんな話だ。主役にスティーブ・マックイーンやアラン・ドロンといった大スターが候補に挙がっていた。

三つ目が『デルス・ウザーラ』である。これはウラジーミル・アルセーニエフという探検家が、ウスリー地方を実際に歩いて書いた探検記を、黒澤が三〇年前に読んで、一度映画化しようとした企画だった。舞台を北海道に移して、久板栄二郎にシナリオまで書かせている。この時は、アルセーニエフの水先案内人であるデルス・ウザーラの役に、三船敏郎を想定していたそうだ。タイトルは「蝦夷探検記」だったが、結局北海道では無理だろうという結論で、頓挫した経験があった。

一九七一年、黒澤がモスクワ国際映画祭に招待され、「ソ連で一本撮らないか」という話になった時、この話が復活した。黒澤はその時、「『デルス・ウザーラ』はどうだろう？」と提案したら、ソ連の映画人は「クロサワさんは『デルス・ウザーラ』を知っているのか！」と感激し、とんとん拍子で話が進んだ。

黒澤は新宿駅で別れる時、「多分ソ連で、『デルス・ウザーラ』を撮ることになるだろう」と言った。その言葉通り、それから四か月たった一九七三年三月、黒澤は製作協定に調印するために、ソ連に向かったのである。

しかしソ連からの条件は厳しく、ロケ地周辺のウスリー地帯は、ソ連の軍事機密があったために、日本人のスタッフは、五人に制限された。黒澤の他は、撮影の中井朝一、スクリプターの野上照代、プロデューサーの松江陽一、そして通訳の五人に限定された。その苦労は、野上や助監督のウラジーミル・ワシリーエフの日誌を読むと、想像を絶するものがあったようだ。

それにしても、黒澤はよくこんな70ミリ大作を引き受けたものである。本来ならば復活のためなら、中程度の作品で、ウォーミング・アップ的にこなすべきかもしれない。なにしろ大国の面子もかかっている。期待も大きかっただろう。失敗すれば、黒澤の復活などあり得なかったろう。当時のソ連のことなので、金銭的にも恵まれた状態ではなかったはずだ。黒澤はまさに特攻的精神で、背水の陣の覚悟で、シベリアの大地に向かって行ったに違いない。

三船の表敬訪問

このシベリア・ロケの時に、珍しい人物が顔を見せた。三船敏郎だ。その時の記念写真が残っている。彼は差し入れをもって、表敬訪問に現れた。差し入れの内容は、ミュンヘンのレストラン「ミフネ」で作らせたお握りや料理の数々だった。

かつて黒澤は、「蝦夷探検記」を撮ろうと思っていた時、三船をデルス・ウザーラ役に想定していた。今回、デルスを演じるのは現地人のマクシム・ムンズク。二人のデルスが、シベリアの地で出会った。

実際黒澤は、『デルス・ウザーラ』の撮影が始まろうとした時も、デルス役に、三船を起用したいと考えていた。また三船自身も、出演したいという意向を表明していた。以下は田中寿一の証言である。

「黒澤さん側からは、『デルスに起用したいから、三船を半年間貸してくれ』と言ってきました。しかし黒澤さんが半年といっても、それは必ず一年、二年に延びるので、私は断りました。それは当時の社長のスケジュールからいっても、できない相談でした」

すでに述べたように、三船は三船プロダクションを設立してから、多くのスタッフを食べさせねばならなかった。そのために外国に出稼ぎに行き、連続テレビドラマやCMに出演しなければならない過密スケジュールの中にあった。

しかしそれでも、三船は黒澤にこう頼んだという。

「チョイ役でもいいですから、私を使ってくれませんか？」

すると、黒澤はこう答えた。

「三船ちゃんをチョイ役では使えないよ」

あれほど相次いだ三船の映画出演は、一九七一年の『レッド・サン』以後、パタリと止まっている。次の映画出演は、デヴィッド・ニーブンと共演した『太陽にかける橋／ペーパー・タイガー』(76年) だった。その間、五年間は空白なのだ。これはなぜかと言うと、「大忠臣蔵」や「荒野の素浪人」などのテレビ時代劇に毎週連続出演せねばならなかったからだ。身体の空くはずはなかった。三船のシベリア訪問は、そんな忙しさの合間を縫って行われていたのである。

端的に言えば、黒澤と三船が『赤ひげ』で別れたのは、三船が三船プロダクションを作ったからである。黒澤作品に出演すれば、一、二年は拘束される。すでに三船プロという大所帯の社長であった三船にとって、それは物理的に不可能だった。このことが、二人が結果的に別れるようになった最大の原因だといっていい。

パリにおける〝キュロサワ〟

『デルス・ウザーラ』がついに完成した。

その頃私はパリに居た。

新宿で黒澤に会ったことを、早稲田演劇科の先輩である、当時「キネマ旬報」の名編集長といわれた白井佳夫に話したら、「それはなかなかない話だ。本誌に書いてくれ」と言われた。それが「黒澤監督と会った！」というエッセイで、私の文章が活字化された最初である。その記事が好評だったために、今度は話した内容をインタビュー形式に直し、「黒澤明監督に〝音〟について聞く」のタイトルで五回連載した。この時は、すでに原稿料をもらっており、私はこの記事によって、プロの映画評論家としてデビューできたのである。

三年かけた卒論も完成した。成績は〝優〟だった。

大学に提出したその卒論を、主査の山本喜久男教授は一週間で読んでくれた。口頭試問の時、「演劇科で年に一度出している『演劇学』という雑誌がある。その年の優秀だった卒論を二つ選んで掲載するが、その一つに君のを推薦しよう。ただし普通の三倍もあるので、もっと縮めてくれ」と言われた。

ありがたい話だったが私は断った。なぜなら、卒業後はすぐにパリに留学することを決めていたからだ。出立の日は四日後に迫っていた。もはやその暇はなかった。私は現在、地元の佐賀大学で一二〇人のクラスを四コマ受け持っているが、そのままおとなしく大学院に残っていたら、早稲田大学で教壇に立っていたかもしれない。

ちなみにその卒論は、一六年後に取材し直し、「黒澤明　音と映像」（立風書房刊）というタイトルで上梓した。作曲家の宇崎竜童がＮＨＫの「ラジオ深夜便」という番組で話していたが、彼にとっての一冊がこの本で、「映画音楽を作る時の教科書にしている」そうだ。

私はパリに行くことを白井編集長に話した。すると彼は、

「少ないが毎月、パリ駐在員としての費用を送ってあげる。パリからどんどん原稿を

送ってくれ」

と言われて、パリに在中していたのである。『デルス・ウザーラ』はその間に完成したのだ。

『デルス・ウザーラ』がヨーロッパで初めて公開されたのは、一九七五年一〇月、ロンドン映画祭においてだった。そこで私は『デルス・ウザーラ』を見るために、ロンドンにまで足を延ばした。「キネマ旬報」副編集長を辞めたばかりの小藤田千栄子氏と共に見た。その時の感動を忘れることはできない。彼女は「いい映画だったわね」と言った。夜のテームズ河を眺めながら、二人で「黒澤が復活した！」と乾杯した。

日本では、「黒澤明が小津安二郎になった」と評されたようだ。『赤ひげ』までの強烈な自我を主張したようなあくどさがなくなり、淡々とした枯淡の境地で描かれたことに、心から拍手を送った。

フランス人は黒澤明を〝アキラ・キュロサワ〟と呼ぶ。その〝キュロサワの新作〟として、『デルス・ウザーラ』は、パリでは翌年に一般公開された。週を重ねるごとに上映館が増えて、絶賛された。一館はフランス語の吹き替え版だった。

『デルス・ウザーラ』は、自然破壊や環境問題をテーマとした映画である。人間は自然とどうやって共存していくかを描いた映画である。当時は、フランスでも「ポリューション（公害）」という言葉が一般化されていた。環境問題に対して、いち早く提言をした『デルス・ウザーラ』は、フランス人の心をつかんで離さなかった。

モスクワ国際映画祭

二〇一〇年六月、黒澤明生誕一〇〇年に当たるこの年、モスクワ国際映画祭で「黒澤明シンポジウム」が開催された。この時、私は日本代表として招待された。

なぜ、私が選ばれたかというと、「黒澤明　封印された十年」（新潮社刊）という本を上梓したからだ。この本の後半は、『デルス・ウザーラ』のことばかりを書いている。これを読んだモスクワ在住の日本人の方が推薦してくれたそうだ。

映画祭の会場は、メイン・ストリートの「オクチュプリ（十月）」という映画館だった。『デルス・ウザーラ』の他、新しく発見された『デルス・ウザーラ』の予告編、ロシアで未公開だった『八月の狂詩曲』と『まあだだよ』（93年）が上映され、超満員だった。また戦争映画特集の一本として、『トラ・トラ・トラ！』も特別上映された。

コンフェランスは、キエフ駅の側にある、ゲストが宿泊しているラディソン・ホテルの会議室で行われた。シンポジウムでは『デルス・ウザーラ』の話が中心だった。アルセーニエフを演じたユーリー・サローミンや、『デルス・ウザーラ』の助監督ウラジーミル・ワシーリエフや、現在のロシア映画の実権を握っているニキータ・ミハルコフ監督も参加していた。黒澤が「シロクマみたい」と評した大監督だ。彼は「四方に囲まれた日本には、海溝のように深い哲学がある」と日本文化を持ち上げた。

黒澤明シンポジウムの発言者。左から俳優サローミン、一人おいて実行委員長のキリル・ラズゴロフ教授、助監督だったワシーリエフ、筆者

シンポジウムの後は研究発表だった。実行委員側は、クロサワに関する論文を公募したそうだ。五〇人ほどのなかから一四人が選ばれ、持ち時間一人一五分のなかで発表する。時間の一分前には、時間が来たことを知らせるベルがチーンと鳴らされる。モスクワ、サ

ンクトペテルブルグ、カザフスタンなどから集まった学生、研究生、博士たちが、「クロサワ映画の色彩」「クロサワと文学の関係」「クロサワと能」といったテーマで次々に語る。

私の特別講演はその後に通訳入りで行われた。テーマは「音楽と映像の対位法」で、黒澤明の音楽に対する卓越した演出法について述べた。卒論でも扱った私の十八番の講演である。カクテル・パーティ（懇親会）では、「あなたの話は具体的で、映画を見る時の参考になった」と中年女性が言ってくれた。

それにしても黒澤明の節目の年に、これだけの熱意で、これだけの愛情を持って、本国日本でも行われていないシンポジウムや研究発表がなされていたことには頭が下がった。

実際ロシアに行って痛感したことは、アキラ・クロサワが神のように尊敬されていることだった。偉大な人物は自国では尊敬されないと言うが、黒澤明は、その筆頭ではないかと心底思った。

コンフェランスが終わると、スタッフから、「西村さん、どこに行きたいですか？」と聞かれた。私は即座に、「モス・フィルムに行きたい」と答えた。「モス・フィルム」とは、『デルス・ウザーラ』を製作した国立の映画スタジオだ。もちろん、ペレストロイカ以後は、国立ではなくなっていたが……。

早速、「モス・フィルム」に連れて行ってくれた。すると、受付の太ったおばちゃんが、満面の笑顔を湛えて、「まあまあ、遠い所からよう来た、よう来た」みたいな感じで迎えてくれた。

「ここは『デルス・ウザーラ』の頃と全然変わらないのよ。でもクロサワさんから『トイレが汚いから直せ』と言われて、トイレだけはきれいになってるの」

クロサワを心からリスペクトする表情を見ているだけで、日本人として誇らしく思えた。

私がなぜ「モス・フィ

アカデミー外国語映画賞を受賞した２つのオスカー像はモス・フィルムの会議室に展示されていた。右が『デルス・ウザーラ』、左が『戦争と平和』

ルム」に行きたかったかといえば、オスカー像を見たかったからだ。『デルス・ウザーラ』はアカデミー外国語映画賞を受賞した。受賞当初は、オスカー像を黒澤にも与えようといった話があったそうだが、『デルス・ウザーラ』は「モス・フィルム」の映画なので、結局、ソ連のプロデューサーが受け取った。そのオスカー像が、「モス・フィルム」に飾ってあるというので、それを確認しに行ったのだ。

あった。あった。会議室のガラス戸の中に、「モス・フィルム」作品として、アカデミー賞外国語映画賞を受賞した二つのオスカー像が安置してあった。左の像には『戦争と平和』(65年)、右の像には『デルス・ウザーラ』と刻まれている。右の像は私には、クロサワがシベリアで苦労を続けた結晶のようにも思えた。

その後の黒澤明

『デルス・ウザーラ』で、奇跡の復活を果たした黒澤は、もう一本、「モス・フィルム」で作らないかという話があったそうだ。彼が選んだ題材は、まず、ドストエフスキー原作の「死の家の記録」、そして、エドガー・アラン・ポー原作の「赤死病の仮面」を挙げている。これらの作品はシナリオが完成しており、後者の方は、私は生原稿で読んだことがある（井手雅人と共作）。

ペストがはびこる中世の城を舞台にした物語だが、グロテスクで、死の悪夢に満ちた映画だ。ペストは患者の皮膚が黒くなるので黒死病とも言うので、タイトルは「黒き死の仮面」に変更されている。それは、共産圏を暗示する〝赤〟に気遣った配慮であるとも言われた。

黒澤を尊敬するフェデリコ・フェリーニが、一九九〇年に最初で最後の来日を果たした時、黒澤は天ぷら屋に招待した。この時、「黒き死の仮面」が話題に出て、「僕が前半の町の部分を演出するから、後半の城の部分は、フェリーニさんが演出しない？」と言ったそうだ。個性の強い二人の巨匠が相容れるわけもなく、この話はお流れになった。

松本清張原作ものをやろうとしたのも、この頃の話である。「黒地の絵」という異色作を黒澤が監督しようと動いたことが一時期あったが、政治的な配慮もあって、すぐに撤退した。「黒澤がやらないなら、俺がやる」と言って、清張が立ち上げたプロダクションが、「霧プロ」だった。この話は拙著「清張映画にかけた男たち」（新潮社刊）に詳しいので、そちらを参考にしてもらいたい。

その頃、黒澤が書いたシナリオが『乱』（85年）である。シェークスピアの「リア王」を、戦国時代に移し替えた作品。毛利元就の三本の矢の訓戒の話を加え、リア王を裏切るのは本来は娘たちだが、息子たちに変更してある。

しかし暗いという印象と、三の城を炎上させるという製作費の問題で、このシナリオを映画化しようという会社は、どこにも現れなかった。

「それじゃあ、客の入る戦国時代劇を作ってやろう」と意図して企画された映画が『影武者』（80年）だった。『影武者』は『乱』の予行練習といった意味合いが強い。武田信玄の影武者になった男の悲劇を、能の構成のなかに描いた戦国スペクタクルである。

撮影中からトラブル続出で、主役の勝新太郎が降板し、仲代達矢に変更になり、やっぱり勝新の方がよかったなどと、噂された映画だった。しかしそれでもなお、私は『乱』よりは、はるかに『影武者』の方が優れた映画になっていると思う。これに関しては、武田勝頼を演じた萩原健一がうまいことを言っていた。

「自分の思いのままに作った映画より、なにがしかの制限があった方が、いい作品になる」

これは全く正しい見方だと思う。作品がより客観的になるからだ。『影武者』は相次ぐスキャンダルが逆に話題を呼び、またカンヌ国際映画祭でグランプリを受賞して、大ヒットを記録した。

そのおかげで、ようやく日本の「ヘラルド・エース」と、フランスの「グリニッチ・フィルム」が出資して、『乱』は完成にこぎつけた。しかし期待ほど客は来なかった。つい最近亡くなった「ヘラルド・エース」の原正人プロデューサーが話してくれたが、「社員はボーナスを減らされ、その分あおりを食った」そうである。

どちらにしても、黒澤は、『デルス・ウザーラ』をソ連で完成させた後、戦国絵巻の超大作時代劇を執念で、二本連続して撮った。まさに奇跡の復活と言わざるを得なかった。

死の陰り

もともと黒澤明はヒューマニストなのだ。ヒューマニストとは、人間を信じ、人間を愛する人物のことである。

私は黒澤に、

「『羅生門』のラストの赤子のエピソードは要らないのではないか?」

と質問したことがある。なぜなら、『羅生門』のテーマは、人間は勝手なことを言うエゴイストなのだというのが結論だからだ。人間を突き放した人間不信の映画なのに、あえて人間をもう一度信じようとするエピソードを入れることは、テーマに反するのではないかと思えたからだ。その質問に黒澤は、

「だって、あのエピソードがないと、映画館を出た時、気持ちが悪いだろう」

と答えた。その言葉を聞いて、「黒澤さんって、たとえ人間不信の映画を作っても、最終的には人間を信じたいと願うヒューマニストなのだ」と再認識したものである。ところが正真正銘、『乱』は完全に人間不信の映画だった。

なぜ、そこまでに至ったのか? それは『トラ・トラ・トラ!』事件が間に挟まり、影響していたと言わざるを得ない。黒澤は、『赤ひげ』で高らかに黒澤ヒューマニズムを謳ったが、『トラ・トラ・トラ!』事件の時、現実では、信じていた人間から次々に裏切られる結果になってしまった。『トラ・トラ・トラ!』は、我々が考える

以上の打撃を、黒澤明に与えていた。

考えてみれば、『トラ・トラ・トラ！』の後の、『どですかでん』『デルス・ウザーラ』『影武者』『乱』……あるいは映画化はされなかったが、「死の家の記録」「黒き死の仮面」「黒地の絵」まで含めれば、それらの共通項は、すべて〝死〟の陰りを漂わせた映画なのだ。自殺未遂まで起こし、死の淵まで近づいた黒澤は、この間、生と死の狭間の世界をさまよっていたと言っていい。作品自体はペシミスティックな色調を帯び、常に現実から裏切られるとの認識、即ち、絶望感がバックボーンに秘められていた。しかし、『乱』以後は変化が生じる。

「『乱』は自分の遺言だ」

と黒澤は言っていた。「これだけは言わなければ死にきれない」とも繰り返していた。しかし、その遺言を言い終えた後は、言い方は悪いが、オマケみたいなものである。決定的だったのは、複数で書いていた客観的なシナリオを、単独で書くようになったことである。それまでシナリオの舵とりをしていた小国英雄はすでに高齢に達していた。『赤ひげ』『影武者』『乱』に続いて、『夢』のシナリオを共作していた井手雅人とも意見の衝突を見、井手は中途で黒澤の御殿場の別荘を後にしている。

つまり黒澤は単独で書くしか道はなかったのである。その結果、黒澤映画はますます個人映画の様相を呈していく。観客を楽しませようとするエンターテインメントの志向も見せず、世の中に向かって、何かを発言するという形でもなく、ひたすら自分の過去の思い出や、未来へのメッセージを語ろうとする。

分かりやすく言うと、すべての夾雑物を清算し、突き抜けたような無垢で純粋な子供や老人の世界に浸っていく。子供の世界に戻った映画が、次の『夢』だった。老人の世界に向かった映画が、その次の『八月の狂詩曲』であり、遺作となった『まあだだよ』だったのである。

戦国武将のなれの果て『乱』

『どですかでん』以後のカラー作品のなかで、私がよく分からない、あるいはどうしても腑に落ちない映画が二本ある。『乱』と『まあだだよ』である。

『乱』は、黒澤の悲愴度が強すぎて、「泣けーッ！」と強要されているような気がする。感情移入もしにくい映画だ。

私はつい最近、金沢に講演旅行に行った帰り、福井県の丸岡城に寄ってみた。『乱』で炎上する三の城のモデルが、この城だと美術監督の村木与四郎から聞いていたからだ。思った以上に小さな山城だったが、形をそっくりに真似ていたことは驚くほどだった。『乱』では真ん中に階段があったが、本物は少し左側に寄っていた。

『乱』のクライマックスは、この炎上する三の城の階段を、狂った秀虎（仲代達矢）がゆっくりゆっくりと降りてくるシーンだった。丸岡城を見ながら、そのシーンを思い起こした時、私ははっと気がついた。

ああ、そうか、あれは三船なんだ！　黒澤は仲代ではなく、三船を想定して、こんなシーンを作っていたのだと思い至った。

「仲代しかいないんだよ！」

と、撮影前に黒澤は言っていた。スケジュールの都合をうまくつけて、自分の言うことをそのまま聞いて、素直に従ってくれる役者は、彼しかいなかったのだ。しかし本当は、黒澤は三船を使いたかったのではなかったろうか。そう考えれば、『乱』という映画が理解できる。

あの『蜘蛛巣城』の鷲津武時は、首を弓矢で射抜かれて討ち死にするが、彼がそのまま生きていたら、どうなっていただろう？　おそらく下剋上によって主君を殺し、極悪非道なことを重ねていたに違いない。その戦国武将のなれの果てが秀虎なのだ。秀虎は家族からも裏切られ、信じる者は誰もいなくなって、気が狂ってしまう。

それはとりもなおさず、『トラ・トラ・トラ！』の時の黒澤ではなかったろうか。秀虎は鷲津武時の線上にあるのだ。もし三船が演じていれば、そのテーマはもっと明瞭に出ていたに違いない。

考えれば、黒澤の分身は常に三船だった。戦争という時代の闇を引きずっていた『酔いどれ天使』の松永も、ひたむきに犯人を追跡する『野良犬』（49年）の村上刑事も、無謀で若々しい『七人の侍』（54年）の菊千代も、政治に怒りを露わにする『悪い奴ほどよく眠る』の西も、ブルドーザーのように驀進していく『用心棒』の三十郎も、いい靴を作りたいと願う『天国と地獄』の権藤も、ヤクザを豪快に叩き伏せる『赤ひげ』の新出去定も、そして自然と共に生きたいと考える『デルス・ウザーラ』のデルスも……みんなみんな、主人公は黒澤明の分身であり、それを具現化してくれたのは三船敏郎だったのだ。

わがまま爺の愛らしさ『まあだだよ』

そう考えていくと、『まあだだよ』も理解できる。

笑い話だが、私は『まあだだよ』を初めて、東宝の試写室で見た時、よく分からなかった。首をひねりながら、エレベーターに乗ろうとしたら、中に居た他の映画評論家たちも、ハトが豆鉄砲を食らったように、みな目が点だった。この映画の批評をこれからどう書こうか、みんな、面食らっていたのである。

この映画は、文豪・内田百閒と弟子たちとの師弟愛を描いた映画だ。しかし結論からいえば、内田百閒を演じた松村達雄が、ミス・キャストだったと言わざるを得ない。

つまり図体が大きく、傍若無人の振る舞いをするわがままな百閒先生だからこそ、弟子たちを愛するというギャップが引き立って、愛らしいのである。動物に愛情など示しそうもない百閒先生が、猫が居なくなった途端、オロオロする姿がひたすらおかしいのである。厳しいことも言うけれど、どこか可愛くて憎めない。それはスタッフやキャストからそう思われたいと願う、老境に達した黒澤の希求だったのかもしれない。

しかしそれを小柄な松村が演じたのでは、当たり前すぎて少しもおかしくない。松村がかつて演じた「男はつらいよ」の人のいい下町のおいちゃんが演じたが故に、あの百閒先生のふてぶてしさが出ないのだ。

そこで考えてみた。じゃあ、誰だったら良かったのか？ 三船である。豪快でエネルギー溢れる三船だったら、あの役はスンナリ納得できる。『生きものの記録』の時、三船は、三〇歳代であったにもかかわらず、六〇歳代の老人を演じた。ちょうどあんな溶鉱炉のような、エネルギーを発散する、わがまま爺が主人公だと想像すれば、『まあだだよ』という映画が見えてくる。

このように、黒澤は最後の最後まで、たとえ参加は物理的に不可能だったとしても、三船を常にイメージに置き、三船を自分の分身だと考えていたのではなかったろうか。

三船の晩年『スター・ウォーズ』

その三船敏郎は、『デルス・ウザーラ』のシベリア訪問以後、どうなっただろう？

黒澤は奇跡の復活を遂げたが、三船はテレビから映画に戻ってきても復活しなかった。チョイ役で出演する映画は、三船でなくてもいいような存在感のない作品ばかりだった。海外作品は何本もあったものの、それらは、サムライを意識したB級作品ばかりで、日本ではとても公開できないと未公開になった作品も多かった。

しかしその中でも、海外からのオファーで、ミフネが受けていれば確実に世界の映画史が変わっていたのではと悔やまれるのは、『スター・ウォーズ』である。ジョージ・ルーカスは、クロサワの『隠し砦の三悪人』の大ファンで、リメーク権を得ようとして断念したほどであった。

そのイメージがあったために、シナリオが完成してから、ルーク・スカイウォーカー（マーク・ハミル）の師匠であるオビ＝ワン役をミフネにオファーした。しかしミフネはこれを断っている。おそらく子供だましのスペース・オペラだと思ったのかもしれない。その後のこのシリーズの成功を鑑みれば、もしこの役を引き受けていたなら、「世界のミフネ」ならぬ、「宇宙のミフネ」が誕生していたかもしれない。

結局、その役はアレック・ギネスが引き受けた。しかしそれでも諦めきれないルーカスは、ダース・ベイダーが仮面を取った時の素顔をミフネでと熱望したが、三船はこれも断っている。しかしその素顔は、ミフネのイメージに近い形でメークが施されていた。

平凡な作品が続いた晩年の三船の代表作は、『男はつらいよ・知床慕情』（87年）と『千利休　本覺坊遺文』（89年）である。これは山田洋次、熊井啓という監督が良かったからだ。三船の資質を充分に見極めた名匠のおかげだった。

カナダとフランスの合作映画『シャドウ・オブ・ウルフ』（92年）で極寒の地に行ったことが特に災いした。この映画の監督ジャック・ドルフマンは、『レッド・サン』に出資したフランス側プロデューサー、ロベール・ドルフマンの息子である。当初は躊躇していたミフネだったが、昔世話になったプロデューサーの親戚だからと律儀さを通したことが裏目に出た。

この映画に出演した後、体力が極端に落ち、老人性の認知症を進行させている。実質的な遺作となった『深い河』（95年）の撮影時には、すでに台詞を言えるような状態ではなかった。その詳しい状況を、私は熊井啓監督から直接聞いている（拙著「ぶれない男　熊井啓」新潮社刊参照）。

作品的にもあまり恵まれなかったが、家庭的にも不協和音が鳴り響いた。『赤毛』

（69年）や『待ち伏せ』（70年）で共演した女優・北川美佳と同棲生活を始め、三船美佳という一女も得た。正妻の幸子に離婚を求めるも、彼女はガンとして受け入れなかった。泥沼の離婚裁判劇は、一時期、週刊誌をにぎわせたものである。

加えて、三船の参謀であった田中寿一が一九七九年、所属俳優を引き連れて、独立するという事件が起きた。一体何があったのだろう？　当の田中はこう言う。

「三船社長は無宗教だったんですが、北川美佳は熱心な創価学会の信者だったんです。社長はあえてハワイの学会のパレードなどで広告塔の役をやってました。彼女が三船プロに浸透してくればくるほど、会社は変な空気になりましたね。私の机の上にも教義の冊子が何冊も置かれていました。池田大作さんにも紹介されました。三船プロのなかにも、信者になれと相当説得されて、それが嫌だったスターも出てきました。それで我々は会社を出て行ったんです」

三船が病気で倒れてからは、喜多川（この頃は喜多川美佳に変名）は三船のもとを去り、結局、三船の世話は、それまで別居していた幸子と息子の史郎が見ることになる。

三船君、また会おう

亡くなったのは、『深い河』から二年後の、一九九七年のクリスマス・イブの日だった。享年七七。

死因は「全機能不全」と発表された。心臓も腎臓も肝臓も、内臓の機能が同時にボロボロになっていたという。医者は「本当だったら、もっと早く亡くなってもおかしくなかった。体力が並みはずれていたから、ここまでもった」と言ったそうだ。

死の直後、史郎は以下のように語っている。

息子の私から見ても、父は一俳優、個性的な俳優としては魅力ある存在だったと思う。しかし、決して賢い事業家ではなかった。

またもう一つの父の面で、こうと思ったらそれに突き進んで真っ直ぐな性格である。人を疑うということができない。それでいて人一倍、他人に気をつかう。周りの社員から「社長」「社長」とおだてられて、それで他人を信用してしまい、騙されてしまう。事業家には絶対に向かないタイプであった。

いまさらながら、事業になど手を出さず、一俳優としてずっと生涯を全うしていたら、どんなにいい一生を過ごせただろうに、などと思ってしまう。

（「新潮45」一九九八年四月号）

これが結論である。結局、三船敏郎の生涯は、「三船プロダクション」を作ったことが仇となった。あの時、黒澤が進言したように、「三船プロダクション」を作らなかったら、俳優に専念できて、『トラ・トラ・トラ！』の山本五十六や、『デルス・ウザーラ』のデルスを演じ、黒澤との新たなるコラボの夢も果たせたかもしれない。しかし夢は、叶わなかったからこそ、これからも伝説として語られていくことになるのだろう。

三船とのお別れの会は、死から一か月後の一九九八年一月二四日に、青山葬儀所で行われた。祭壇は村木与四郎がデザインし、『蜘蛛巣城』で作った部屋の壁を背景にして、鷲津武時の兜が飾られた。中央の遺影は、『七人の侍』の菊千代の写真だった。

その時、健康状態の悪化で出席できなかった黒澤明監督の弔辞が、息子の久雄によって代読された。

「もし、三船君に出会わなかったら、ぼくのその後の作品は、全く違ったものになっていたでしょう。僕たちは共に日本映画の、黄金時代を作って来たのです。今、その作品の、ひとつ、ひとつを振り返ってみると、どれも三船君がいなかったら出来なかったものばかりです。君は本当によく演ってくれたと思う。三船君、どうもありがとう！

僕は、もう一度、君と酒でも飲みながら、そんな話をしたかった。さようなら、三船君。また会おう」

黒澤明監督が亡くなるのは、七か月後のことだった。享年八八。

巨匠は名優の後を追うように去ったのである。

まとめ

これまで一二回にわたって、巨匠と名優八人の関係——特にその出会いと別れにテーマを絞って振り返ってみた。

小津安二郎と原節子の関係は、男と女の恋愛関係だったのだろう。ただしそれは〝忍ぶ恋〟ともいうべきプラトニックな愛だった。

溝口健二と田中絹代の恋愛は、どうやら溝口の片思いに終わったようだ。しかし絹代の溝口に対する演出家としての尊敬は、恋愛以上のものがあったのかもしれない。

木下惠介と高峰秀子は、自分が持ってないものによって、お互いが引き寄せられるという関係だった。たとえて言うなら木下は女、高峰は男というファクターを持っていた。

一方、黒澤明と三船敏郎は、男vs男だった。どちらも男臭い体質が合体し、反発することによって、男の世界を描き切った。

さまざまな関係があったが、ここで共通することは、名伯楽が居なくてはならない。

「名馬、汗馬が走るには、名伯楽が居なくてはならない」名伯楽が思いのものを創ろうと思えば、名馬、汗馬がいなくてはならない。

ということである。そのどちらが欠けても成立できなかっただろう。まさに見事なまでのゴールデン・コンビだった。その成果が日本映画の珠玉の名作となって残されたことを、我々は幸せに思うべきだろう。

そうしたコンビの緊密な関係があったからこそ、一九五〇年代、あるいは昭和三〇年代という日本映画の黄金時代を生み出すことができたのだ。それはまさに、数々の国際的映画賞に輝いた映画の質においても、また興行人口の多さにおいても、かつてない繁栄の時代であった。

果たして現代では、そうした個性的な巨匠監督やスターたちが出現できるだろうか？

この本でふれてきた古典ともいえる名作や、両者の関係をもう一度見直すことによって、次の世代の作家やスターたちの活躍につなげていくことを願うのみである。

参考文献

小津安二郎、原節子関係

笠智衆「大船日記　小津安二郎先生の思い出」扶桑社　１９９１年６月
石坂昌三「小津安二郎と茅ケ崎館」新潮社　１９９５年６月
山本薩夫「私の映画人生」新日本出版社　１９８４年２月
新潮45特別編集「原節子のすべて」新潮社　２０１２年11月
石井妙子「原節子の真実」新潮社　２０１６年３月

溝口健二、田中絹代関係

新藤兼人「ある映画監督の生涯——溝口健二の記録」映人社　１９７５年１月
新藤兼人「小説　田中絹代」読売新聞社　１９８３年２月
図録「田中絹代の世界」田中絹代メモリアル協会　１９９９年11月
古川薫「花も嵐も　女優・田中絹代の生涯」文春文庫　２００４年12月
筒井健二「電話交換手たちの太平洋戦争」文藝春秋企画出版部　２０１０年12月

木下恵介、高峰秀子関係

佐藤忠男「木下恵介の映画」芳賀書店　１９８４年12月
長部日出雄「天才監督木下恵介」新潮社　２００５年10月
キネマ旬報臨時増刊「黒澤明と木下恵介　素晴らしき巨星」キネマ旬報社　１９９８年８月
石原郁子「異才の人　木下恵介――弱い男たちの美しさを中心に」パンドラ　１９９９年５月
高峰秀子「わたしの渡世日記（上）（下）」文春文庫　１９９８年３月
斎藤明美「高峰秀子の捨てられない荷物」文春文庫　２００３年３月

黒澤明、三船敏郎関係

佐藤忠男「黒沢明の世界」三一書房　１９６９年１月
井手雅人著・シナリオ作家協会編「井手雅人　人とシナリオ」日本シナリオ作家協会　１９９１年９月
週刊読売臨時増刊「黒澤明　わが映画に悔いなし」１９９８年10月
アサヒグラフ増刊「追悼　黒澤明　妥協なき映画人生」朝日新聞社　１９９８年１月
和泉雅人・山口祐子編「黒澤組・シンポジウムの軌跡」（非売品）「20世紀初頭における日本のメディア革命についての比較文化理論的研究」国際共同プロジェクト　２００５年５月
野上照代「蜥蜴の尻っぽ　とっておき映画の話」文藝春秋　２００７年12月
一個人保存版特集「生誕１００周年黒澤明全30作品を完全鑑賞」ＫＫベストセラーズ　２０１０年４月

ウラジーミル・ワシーリエフ、池田正弘訳『黒澤明と『デルス・ウザーラ』』東洋書店　２０１５年２月
野上照代、ヴラジーミル・ヴァシーリエフ、笹井隆男『黒澤明　樹海の迷宮』小学館　２０１５年６月
岩本憲児『黒澤明の映画　喧々囂々――同時代批評を読む』論創社　２０２１年１月
浪漫工房８号『特集・国際スター三船敏郎その偉大なる愛』創作工房　１９９５年４月
アサヒグラフ『追悼／三船敏郎／男』朝日新聞社　１９９８年１月
野口正信ほか編『三船敏郎　さいごのサムライ』毎日新聞社　１９９８年２月
熊井啓『黒部の太陽　ミフネと裕次郎』新潮社　２００５年２月
松田美智子『サムライ　評伝三船敏郎』文藝春秋　２０１４年１月
高田雅彦編著『三船敏郎、この10本』白桃書房　２０１８年５月

あとがき

「ラジオで映画の講義をしてみませんか?」

と声をかけてくれたのは、「NHK文化センター(青山教室)」の武田さおりさんだった。NHKラジオ第2放送の「カルチャーラジオ」という三〇分の番組を、連続一二回、三か月にわたって放送するという。

「来年二〇二〇年は三船敏郎と原節子の生誕百周年なんですよ。それにちなんだ講座ができないでしょうか」

「だったら、監督と組み合わせたらいい。巨匠と名優がどう出会って、どう別れたかをポイントに話したらどうだろう? 三回で一組。それを四組にしたら一二回になるじゃない」

企画は即座に決まった。番組のタイトルは「日本映画の黄金期を支えた監督とスターたち」に決定した。

収録は二〇一九年の一二月から始まった。放送は年を越えた一月八日から開始された。

収録と編集を担当してくれたのは、「NHKエデュケーショナル」の副島宏子ディレクターである。収録も三月に入ると、例のコロナ禍に突入し、スケジュールは変更に次ぐ変更となった。あわただしい収録だったが、放送は無事終了した。評判はよかった。新聞の読者欄にも投稿されたほどだった。

四月になると、コロナに対する第一回目の緊急事態宣言が出て、巣籠り生活が始まった。そこで私は、講座の内容を原稿に直す作業に没頭した。結局一か月かかった。その原稿は放送時のリズミカルな口調を会話体に写したもので、軽い読み物になるようにまとめてみた。

その原稿を青木真次さんに見せた。青木さんとは、彼が立風書房にいた時に「黒澤明　音と映像」を、筑摩書房に移った時に「黒澤明と早坂文雄――風のように侍は」という大冊を引き受けてくれた編集者である。その彼がこう言うのだ。

「ウチで出しましょう。ただし、会話体ではなく、普通の文章に直してください」

「(笑)はないですね」

「ないです」

と無慈悲に言ってくれるのだ。彼は軽い読み物になることを許してくれなかった。そこで新たに取材し直し、文語体に書き直した。大幅に改訂しているので、放送時の順番と内容とは、かなり変わっているはずである。おかげで、日本映画史を論じた堅固な文庫本になった。

本の装丁は、「黒澤明と早坂文雄」の友成修さんにお願いした。

本のタイトルは最初、「キネマの黄金時代　巨匠と名優の出会いと別れ」にしようかと考えた。しかしこれでは、当たり前すぎる。

日本映画の黄金時代とは、戦後すぐの一九五〇年代、あるいは昭和三〇年代という、興行成績が跳ね上がり、国際映画祭で次々に受賞していた時代のことである。それは右肩上がりの高度成長期の頃であり、坂の上にまだ〝希望〟が見えていた時勢だった。今の若者にも、今の映画にも見えないのがこの〝希望〟である。

鬱々とした今の時代に、この本に登場する古典ともいえる巨匠の作品群のほか、森繁久彌の「社長」シリーズ、東映の「警視庁物語」シリーズなどを見直してみたら、監督もスターも時代も、驚くほどイキイキと輝いていた。ならばここは、元気を与えるタイトルがいいと考えた。そこで思い切り、「輝け！キネマ　巨匠と名優はかくして燃えた」とエールを上げてみた。それは今の日本映画に対しての切なる願いであり、応援歌に他ならない。

取材させていただいた関係者、この本に関与していただいたスタッフの皆さんに篤く感謝する。

二〇二一年五月一一日

コロナ禍における第三回緊急事態宣言のなかで

本書は、NHKカルチャーラジオ「芸術　その魅力」で放送された西村雄一郎「日本映画の黄金期を支えた監督とスターたち」全12回の内容をもとに、大幅な加筆を加えたものです。

本書は文庫オリジナルです。

ちくま文庫

輝《かがや》け！キネマ　巨匠《きょしょう》と名優《めいゆう》はかくして燃《も》えた

二〇二一年六月十日　第一刷発行

著者　西村雄一郎（にしむら・ゆういちろう）
発行者　喜入冬子
発行所　株式会社　筑摩書房
東京都台東区蔵前二―五―三　〒一一一―八七五五
電話番号　〇三―五六八七―二六〇一（代表）
装幀者　安野光雅
印刷所　中央精版印刷株式会社
製本所　中央精版印刷株式会社

ISBN978-4-480-43747-1　C0174